論語蠡測

張元星 著

序

孔子曰：「吾道一以貫之」，曾子曰：「夫子之道，忠恕而已矣」。大家都知道「仁」是孔子的中心思想，曾子卻說是「忠、恕」，為什麼？宋人稱「半部《論語》治天下」，為什麼？孔子被學生稱「聖」，但是孔子謂「聖」是能「博施濟眾」，孔子被稱為「聖」的依據是什麼？

年輕時讀《論語》不求甚解，但對於許多「說法」總是有些疑惑？卻沒有去探求答案。其後，看到相關的《論語》解說，總是覺得沒有說明白，直到九九年春節後突發奇想，採取「歸納法」整理《論語》，才發現其真義，在此願與大家分享。有關歸納法，簡單的說，就是將《論語》中同一字或詞的解說彙整起來，再將所有的解說分析出其意義，也是以《論語》來解釋《論語》的方法。如「仁」的說明彙集有「人、愛人、己立立人、己達達人、克己復禮、能行恭寬信敏惠、己所不欲勿施於人、居處恭、執事敬、與人忠」等，再歸納成個人「心理、行為、從政」等三個層面予以說明。

本書期望在讀《論語》前，先建立一個整體的概念，以整體觀念來讀《論語》，才能較為正確的瞭解《論語》，如《論語》所謂仁，可以區分為「個人之仁」及「從政之仁」，都是由「仁心」施展到「仁政」；《論語》中所謂「道」就是行仁之道，即如何謀取百姓福利的仁政。在編排方面以孔子理念為先，次為實踐的順序來編排。本書共分為四篇，第一篇理念，彙集《論語》孔子的理念；第二篇從政，述說孔子從政的理念；第三篇典範，彙集孔子日常生活作為典範的行徑；第四篇天命，彙集孔子的天命觀。每篇前有第一章概論，都用一個圖表來說明本篇的重要意義，如第一篇以三個同心圓來區分仁心、仁德、仁政，期望能讓讀者簡單的抓住本篇的意義。

各篇的重點，第一篇理念分為五章，第二章歸納出「仁」及其相關的仁者、不仁、不仁者；第三章歸納出「仁之德」是忠、恕、孝及恭寬信敏惠等；第四章歸納出「知、勇、賢、德、直」及孔子所謂「不得而見及未見者」；第五章歸納出「學與禮」，學禮貫穿仁等品德及個人至國家之間。第二篇從政分為第二章從政，歸納孔子對於從政或為政之理念；第三章歸納「君子、士」，瞭解君子是行仁的關鍵人物。第三篇典範，以孔子為中心，第二章歸納出「志學、從政、貧富」等價值觀；第三章以反省、觀察、所惡等歸納出省察觀；第四章由食衣住行、待人等歸納出日常生活。第四篇天命，第二章首先歸納出《論語》中的天命觀，第三章「孔子之天命」，其次是各方對於孔子的評語，另第四章是歸納出「孔子評人」。由各篇各章之中可以見到，《論語》講究實踐、施行的行仁之道，處處以百姓福祉為依歸。

《論語》中孔子許多理念，在當今都在實踐之中。如孔子回答冉有，「庶」之後要「富之」，再其次是「教之」。大陸人口十三億已是「庶矣」，鄧小平的開放政策，採取了「富之」的策略，而如今應該是要「教之」了。又孔子謂「聞有國家者，不患寡而患不均，不患貧而患不安」，國家施政就是要避免「貧富不均、資源不均」的弊病，也正是大陸當局積極努力的方向。所以大陸雖號稱共產國家，所施行的政策，都是實踐孔子施政「民安」的理念。

本書將《論語》以字、單句為單位的分解、彙整、再歸納，相信可以使孔子思想更讓人容易明白，瞭解《論語》的理念，也就知道儒家的思想源頭，才會知道儒家一系列的發展過程，如孔子講求的是仁之「安」，孟子的善之「四端」、陽明學說的「致良知」等，就是儒家「心性」發展的過程。

最後，本書書名採用「蠡測」，乃鑒於編者學淺，難免有所疏漏、不周之處，敬請諒解，但仍期望內容有助於讀者瞭解孔子學說。

張元星於南投中興新村

目錄

第一篇

理念

第一章 概論

由仁說起，仁的意義、實踐及與學、禮、知、勇等品德的關聯。

第一節 仁之意義

孔子稱「仁」是「人、愛人、己立立人、己達達人、克己復禮、能行恭寬信敏惠、己所不欲勿施於人、居處恭、執事敬、與人忠」等，歸納出心理、行為、從政三個層面，如下：

一、心理層面（仁心）：愛、恕（同理心）、敬、立人、達人。

二、行為層面（仁德）：與人忠、居處恭、朋友信、敏於事。

三、從政層面（仁政）：使民以時、寬、惠、齊之以禮、道之以德。

四、最終是追求百姓福祉。（見圖一）

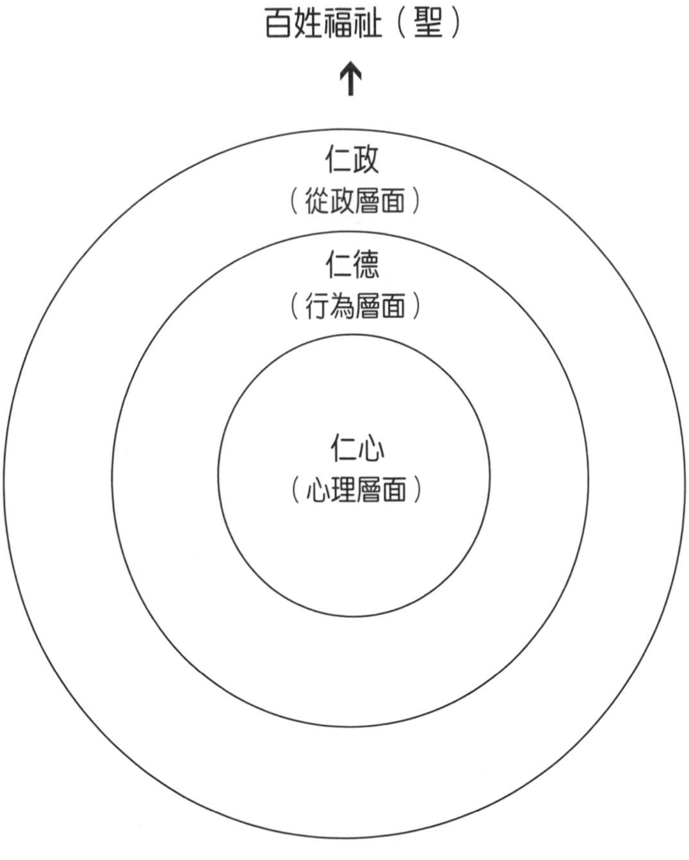
百姓福祉（聖）
仁政
（從政層面）
仁德
（行為層面）
仁心
（心理層面）

圖一　仁的三個層面

第二節　仁之實踐

一、行仁之道

由仁心、仁德、仁政中的共通點，可以歸納出屬於個人心理、品德部分及從政之心理、品德及政策部分，區分為個人之仁及從政之仁。

㈠個人之仁：由個人心理層面而施行於個人外在行為品德層面。

㈡從政之仁：包含個人心理層面、品德層面及從政政策層面。（見圖二）

二、行仁時之品德、目標、對象

依據「仁」的性質，在施行時，各有其對象、目標等，將仁的品德歸納出孝弟是仁之本，由子弟行使，對象是父母兄弟；忠，是由臣子行使，對象是國君（表一）。

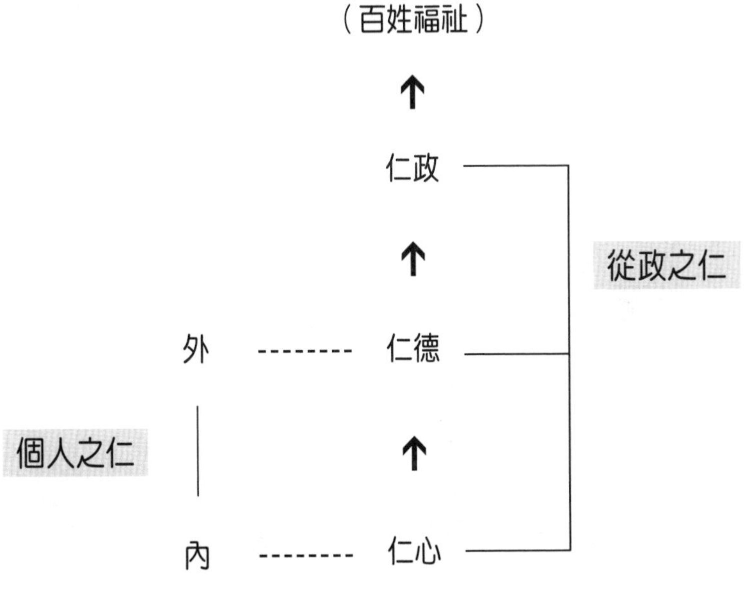

圖二　個人之仁與從政之仁

表一：行仁時之品德、目標、對象

仁之品德	行仁	實踐者	對象	備考
孝弟	仁之本	弟子	父母兄弟	
忠（孝慈則忠）	從政之德（對國君）	臣子	國君	君子修己安民
惠勞欲泰威（五美）	從政之德（對國君）	君子	百姓	
克己、禮	為政之仁（國君自我）	國君	自己	
敏慎	學干祿（從政）	弟子	自己	
剛、毅、木、訥	近仁		臣子	

第三節　學、禮與仁、知、勇等品德之關聯

孔子以仁為中心，「學、禮」貫穿仁及相關品德之關聯如下：（見圖三）

一、仁與禮：人而不仁，如禮何？恭而無禮則勞。

二、仁與學：好仁不好學，其蔽也愚；好信不好學，其蔽也賊。

三、學與知、勇等：好知不好學，其蔽也蕩；好直不好學，其蔽也絞；好勇不好學，其蔽也亂；好剛不好學，其蔽也狂。

四、學與禮：不學禮，無以立！
五、勇直與禮：慎而無禮則葸，勇而無禮則亂，直而無禮則絞。
六、勇知與仁：仁者有勇、利仁（知者）、舉直、剛近仁。

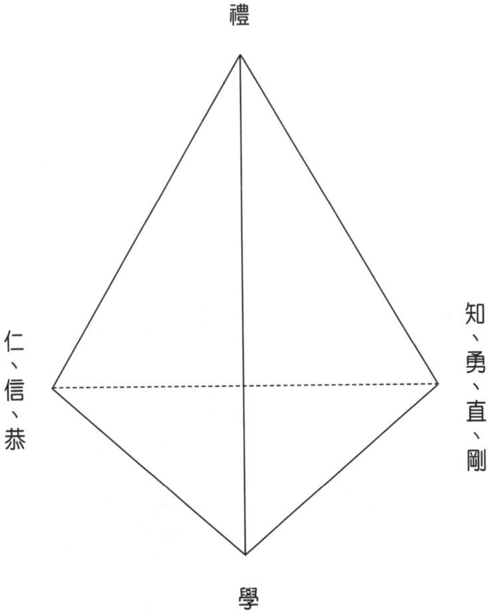

圖三　學、禮與仁、信、恭、知、勇、直、剛之關聯

第二章 仁

仁，《論語》中孔子的核心思想。由《論語》中之「仁」去瞭解「仁」的意義，歸納孔子稱「仁」之內涵，可以分為個人心理、行為、從政三個層面。行「仁」時也是依仁的心理、行為、從政等三個層面概分為「個人之仁」及「從政之仁」。

第一節 仁

一、仁之意義

㈠仁的層面

分個人心理、行為、從政三個層面，可概稱為「仁心」、「仁德」、「仁政」等。

孔子回答仁是指「人、愛人、己立立人、己達達人、克己復禮、能行恭寬信敏惠、己所不欲勿施於人、居處恭、執事敬、與人忠」等，歸納之可以分為個人內在心理層面、個人外在行為層面及從（為）政時對百姓政策或對國君的行為等三個層面，研析如下：

1.心理層面：愛人之愛心、己所不欲勿施於人是對百姓的同理心（恕）、己立立人及己達達人是要大家都好的共同心、恭敬的敬心、對國君的忠心等，都是個人的心理層面。

該等因為是仁的心理層面，所以概稱為「仁心」。

2.行為層面：與人忠、居處恭、朋友信等，都是個人在社會的行為品德，如對朋友忠誠則需「忠告而善導之」，朋友信則需要「言而有信」。該等因為是仁的行為層面的品德，所以概稱為「仁德」。

3.從（為）政層面：從（為）政就是當官作為管理階層，管理百姓就須有相關管理政策或措施，而這些管理政策是「使民以時、惠而不費、勞而不怨、得眾之寬大」等。該等對百姓好的施政政策或措施是仁的從政層面，所以概稱為「仁德」。

㈡仁的層次

由仁的內涵可以分為個人心理、行為、從政等三個層面，都是指個人的內在心理及外在行為，由個人「內在心理」表現於「外在行為」，所以個人要先有「仁的心理層面」才會有「仁的外在行為」，也才會有「仁的從政政策或措施」，如個人要有恕、立人、達人的心理及行為，才會做出「使民以時、寬、惠」等施政措施或政策。

二、仁之實踐：個人之仁、從政之仁

㈠個人之仁，由「仁心」到「仁德」

仁的內涵可以分為個人的心理、行為、從政等三個層面，個人施行或實踐「仁」時，包含內在心理及外在的行為，如要有「仁」及「愛人」之心才會有「與人忠、居處恭、朋友信」等外在行為，如此，由個人在心理表現出外在的品德，由個人內在表現於家庭、社會之中，所以歸納出「個人之仁」由「仁心」到「仁德」。

㈡從政之仁，由「仁心」、「仁德」到「仁政」

仁的內涵可以分為個人的心理、行為、從政三個層面，個人施行或實踐「仁」時，內心先要有愛人之心、己所不欲勿施於人的同理心（恕），及個人能立足或通達也要使他人立足或通達的共同心，也就是「我要好，也要大家都好」。如此，個人在從（參）政時才會做出「使民以時、寬、惠」等有利百姓的政策或措施，所以歸納出「從政之仁」是由「仁心」、「仁德」到「仁政」。

三、仁的最高目標：聖

孔子稱「聖」為「博施濟眾」，亦稱「堯舜其猶病諸」，也就是堯、舜都做不到的事情。然「博施濟眾」就是使百姓能夠安居樂業的「安民」，也就是「仁」的最終目標、境界。孔子極力稱讚管仲能助「桓公九合諸侯，不以兵車，管仲之力也。如其仁！如其仁」，「不以兵車」就是避免百姓因為兵災而流離失所，也就是「仁政」了，更進一步，乃是孔子的志願「老者安之，朋友信之，少者懷之」的「聖」境界。

四、學、禮與仁、知、勇等相關品德之關聯

孔子以仁為中心，而學與禮貫穿各種品德（含仁）及個人、家庭、社會、國家各層次。

孔子自謂「好學」，又以四教，文、行、忠、信，其中以德行為重點，而從個人之仁到從政之仁，都是自我修學自我品德的展現與實踐，所以謂「克己、修己」。又禮是施用於個人、團體間的言行，故禮在於「立、約、和」，也是貫穿個人、家庭、社會、國家之間。對於不好學之蔽及無禮之失，都有具體的述說，如恭而無禮則勞，慎而無禮則葸，勇而無禮則亂，直而無禮則絞等；好「仁」不好學，其蔽也「愚」；好「知」不好學，其蔽也「蕩」；好「信」不好學，其蔽也「賊」；好「直」不好學，其蔽也「絞」；好「勇」不好學，其蔽也「亂」；好「剛」不好學，其蔽也「狂」等。

第二節　仁與仁者

「君子務本，本立而道生」，君子要務實的實踐「仁之本」，才能做到「仁」之道，所以要先瞭解「仁之本」。

一、仁

㈠仁之本

1.仁之本，孝弟：有子謂「孝弟也者，其為仁之本與！」而孔子稱「弟子入則孝，出則弟，謹而信，汎愛眾，而親仁」，「孝」是指弟子在家要孝順父母，「弟」是指出外要親愛兄弟，而能友愛眾人，所以弟子要孝順父母、親愛兄弟於家庭，到社會上能友愛眾人。個人成長都是在家庭中之弟子開始，再由家庭到社會、國家，故而在家庭中能實踐孝弟，在國家、社會上幾乎不會犯上，更不可能「作亂」而不仁了；另有愛心、孝心則是仁心，有愛人、親仁則有仁德。所以有子是由個人成長過程，也就是「仁」的修養的過程，來說明「孝弟也者，其為仁之本與！」

2.孝弟之本，父母之愛：孔子稱「弟子入則孝，出則弟，謹而信，汎愛眾，而親仁」，弟子是由在家庭中孝順父母開始培養仁心、仁德；又孔子駁斥宰我將三年喪禮改為一年，所謂「三年之喪」是回報父母「三年之懷」，無私、奉獻、不求回報的父母之愛，所以弟子要以孝弟來回報父母之愛。如此，父母之愛是「孝之本」，亦可謂「仁」本源於父母之愛。

㈡廣義之仁及學、義、德

1.廣義之仁，好心：綜而言之，仁心是愛心、同理心、共同心等都是善、好的心理，故有志於仁時，就有了善心，因而不會有「惡」了；仁德都是善、好的行為，該等都是合乎禮、義或能克制自我的行為，所以廣義的「仁」就是「好心」。反之，《論語》所稱惡之巧言、令色，概因其動機大都是要討好人而有所求，所求的以私利為多，很少是「善、良、好」，故依動機而論，謂其很少是（鮮）仁。然「剛、毅、木、訥」是指不善於言語及行為不屈、堅定，這種言語誠懇、態度堅持，能夠實實在在、堅持執行的品德，雖然固執不知變通但無私心，故雖非仁但可謂之「近仁」了。

2.仁與學，不學則愚：君子「修己安民」，「修己」就是從自我開始學習；又仁是好心，但只有好心無法成事，所以要「學」，避免「好仁不好學」的「愚」；孔子教學以「德行、言語、政事、文學」教導學生，學之首要是在德行，內有品德（仁心）才能施展於外（仁德），才能行仁政，所以有「仁」仍需學。

3.仁與義（宜），義以為質：君子「得仁」，又「義以為質」，顯見「仁」以「義」為質的關係。就如「信近於義，言可復也」，要能實踐守「信」，所承諾的就要「近義」；又如「君子之於天下也，義之於比」君子之道「使民也義」、「上好義，則民莫敢不服」等都表示仁德、仁政要符合「義」的規範，所以「仁」要以「義」為質。

㈢仁之條文

※條文後方之數字為《論語》之篇章，如（12.22）即「顏淵第十二，第二十二條」。以下表格皆同。

表二：仁之條文

項目	重點	條文
仁（為政）	愛人	樊遲問仁。子曰：「愛人。」（12.22）參（子曰：「道千乘之國，敬事而信，節用而愛人，使民以時。」）
仁（為政）	克己復禮	顏淵問仁。子曰：「克己復禮為仁。一日克己復禮，天下歸仁焉。為仁由己，而由人乎哉？」顏淵曰：「請問其目？」子曰：「非禮勿視，非禮勿聽，非禮勿言，非禮勿動。」顏淵曰：「回雖不敏，請事斯語矣。」（12.1）
仁（為政）	己所不欲勿施於人	仲弓問仁。子曰：「出門如見大賓；使民如承大祭；己所不欲，勿施於人；在邦無怨，在家無怨。」（12.2）
仁政	百姓盼仁	子曰：「民之於仁也，甚於水火。水火，吾見蹈而死者矣；未見蹈仁而死者也。」（15.35）
仁	居處恭 執事敬 與人忠	樊遲問仁。子曰：「居處恭，執事敬，與人忠；雖之夷狄，不可棄也。」（13.19）

仁（為政）	能行 恭寬信敏惠	子張問仁於孔子。孔子曰：「能行五者於天下，為仁矣。」「請問之？」曰：「恭、寬、信、敏、惠。恭則不侮，寬則得眾，信則人任焉，敏則有功，惠則足以使人。」（17.5）
仁	人	孔子曰：「仁者人也。」《中庸》
近仁	剛、毅、木訥	子曰：「剛、毅、木訥，近仁。」（13.27）
志於仁	無惡	子曰：「苟志於仁矣，無惡也。」（4.4）

二、仁者

㈠仁者之意義

1. 仁者：《論語》中孔子稱仁者，計有微子、箕子、比干、伯夷、叔齊、管仲等六人，該等仁者具有個人之仁（仁心、仁德），或從政之仁（仁德、仁政）。（請參閱本章第四節之二、行仁者）

2. 仁者之價值觀，兼善天下的價值觀：仁者志願是能達到「民安」的效果，不是以個人榮辱、官位而努力，所以在「共學、適道、與立、與權」時不會排斥同道，能夠將「個人之仁」施展到「從政之仁」，期望達到「老者安之，朋友信之，少者懷之」的安樂社會，具有兼善天下的價值觀。

3.仁者不憂、有勇（不懼）：知天命者不憂，能殺身成仁者，有勇。子貢謂孔子是仁者而不憂（孔子亦是君子），而孔子自謂知天命（君子知天命），仁者知道自己的天命，因而不會憂慮。又因知命，在行德行、仁政時，考慮的是對百姓最需要且時間急迫者；面對大是大非（百姓福祉）、威脅等時，選擇了完成「仁德」而自我實現，不顧性命及地位的殺身成仁（勇）。又因仁者對於人、事的判斷也是以仁之心（仁心）或仁德之行（德行）來評斷、考量，故而能喜好有仁德者（人），厭惡惡人。

4.仁者之個性特點，穩重、謹慎（訒）：仁者個性穩重，言語謹慎，有山之特性（穩），故樂山；其沉穩、安靜的特質，故能長壽。但是仁者仍會被人假善德（救人）之名而捉弄或欺騙（不若智者之先覺），但不會長時間的迷惘（君子疑思問）。

5.仁者，安於仁：孔子稱仁者伯夷、叔齊之「求仁得仁」；殷代三仁者（微子、箕子、比干）之「得仁」。其得仁、安仁而不顧性命，顯見仁之價值高於性命、官（職）位等價值，仁就是自我實踐的最高價值，也是將身、心「安」於最高價值（仁）。孔子以三年之喪改為一年而問宰我「安」嗎？所以仁者「安」於仁。

㈡仁者之條文

表三：仁者之條文

項目	重點	條文
仁者	言訒（謹慎）	司馬牛問仁。子曰：「仁者，其言也訒。」曰：「其言也訒，斯謂之仁矣乎？」子曰：「為之難，言之得無訒乎？」（12.3）
仁者	樂山靜、壽	子曰：「知者樂水，仁者樂山。知者動，仁者靜。知者樂，仁者壽。」（6.23）
仁者	己欲立而立人己欲達而達人	子貢曰：「如有博施於民而能濟眾，何如？可謂仁乎？」子曰：「何事於仁，必也聖乎！堯舜其猶病諸！夫仁者，己欲立而立人，己欲達而達人。能近取譬，可謂仁之方也已。」（6.30）
仁者	不憂	仁者不憂。（9.28）
仁者	有勇	子曰：「有德者，必有言；有言者，不必有德。仁者，必有勇；勇者，不必有仁。」（14.4）
仁者	好人惡人（分明）	子曰：「唯仁者，能好人，能惡人。」（4.3）

仁者	安仁	子曰：「不仁者，不可以久處約，不可以長處樂。仁者安仁，知者利仁。」（4.2）
仁者	先難而後獲	樊遲問知。子曰：「務民之義，敬鬼神而遠之，可謂知矣。」問仁。曰：「仁者先難而後獲，可謂仁矣。」（6.22）
仁者	君子	宰我問曰：「仁者，雖告之曰，『井有仁焉。』其從之也？」子曰：「何為其然也？君子可逝也，不可陷也；可欺也，不可罔也。」（6.26）

第三節　不仁與不仁者

一、不仁（含非仁）

㈠不仁之涵義

「不仁」是「仁」的相反意義。仁是仁心、仁德、仁政，如仁心是有忠、信、恭等之心。反之不忠、不信、不恭是非仁，如取媚心、外表假裝仁心（色仁）而行為違反德行（聞者）、喜好私利（小人）等都是不仁，所以仁與不仁是相互對立的。

㈡不仁之言行：巧言令色、足恭匿怨

美妙動聽的言語、裝扮美麗的容貌、過分的卑恭，都是想以巧言、美色、卑恭來討

好、取媚別人，而大都出於私心；又外表假裝成朋友，帶假面具的偽裝、權謀者，而心中怨恨，都是不仁的言行。所以孔子認為這私心的行為是可恥的，左丘明也恥之。

㈢孔子對於宰我以喪期三年改為一年稱其不仁，分析如下：

1. 出發點不同：宰我的理由是「三年已久」，而孔子是「三年免於父母之懷」。宰我是「三年過久」乃時間因素而非仁（德），孔子是父母之愛乃孝之本（孝）。

2. 外在效應不同：宰我以「君子（居喪）三年不行禮、樂，禮壞，樂崩」，孔子以「君子居喪，食旨不甘，聞樂不樂、居處不安」。宰我是「樂崩」之樂（儀式），而非禮之內心感受，孔子則是以「安」來判斷。

3. 感受在於安：孔子對於宰我改為一年之喪禮，謂「女安，則為之」，即「你覺得心安，就去做吧」，相較於孔子謂「居處不安」，是以感受之「安」作為原則。又「臨喪以哀」之哀戚是內心感受，故內心感受（安）較為重要。

4. 忠、清非仁：對於子文三仕為令尹而無喜、無慍，但能交代清楚，謂之焉得仁？三次任職、去職而無喜或不高興，乃不露感情於外，交代清楚是忠於職務，而未達到內心忠誠的地步。陳文子三次離開以下犯上的國家，是潔身自愛。又不去做「好勝（克）、自誇（伐）、怨恨（怨）、貪婪（欲）」等行為，孔子認為尚非「仁」（僅難能可貴），亦可由該等之出發點、外顯品德中審視之，是否合乎仁的標準。

㈣不仁之條文（含非仁者）

表四：不仁之條文

項目	重點	條文
不仁	壞禮樂	人而不仁如禮何？人而不仁如樂何？（3.3）（仁是禮、樂之基本）
不仁	亂	人而不仁，疾之已甚，亂也。（8.10）
鮮仁	巧言令色	巧言令色，鮮矣仁。（17.17）
不知其仁	為政能力並非仁	孟武伯問子路仁乎？子曰：「不知也。」又問。子曰：「由也，千乘之國，可使治其賦也，不知其仁也。」「求也何如？」子曰：「求也，千室之邑，百乘之家，可使為之宰也，不知其仁也。」「赤也何如？」子曰：「赤也，束帶立於朝，可使與賓客言也，不知其仁也。」（5.8）
未仁	難能	子游曰：「吾友張也，為難能也，然而未仁。」（19.15）

未仁	堂堂	曾子曰：「堂堂乎張也，難與並為仁矣。」（19.16）
非仁	克伐怨欲之不行焉	憲問恥。子曰：「邦有道，穀。邦無道，穀，恥也。」「克、伐、怨、欲，不行焉，可以為仁矣？」子曰：「可以為難矣，仁則吾不知也。」（14.1）
未仁	忠、清（非仁）	子張問曰：「令尹子文，三仕為令尹，無喜色；三已之，無慍色。舊令尹之政，必以告新令尹。何如？」子曰：「忠矣。」曰：「仁矣乎？」曰：「未知；焉得仁？」「崔子弒齊君，陳文子有馬十乘，棄而違之。至於他邦，則曰：『猶吾大夫崔子也！』違之。之一邦，則又曰：『猶吾大夫崔子也！』違之。何如？」子曰：「清矣。」曰：「仁矣乎？」子曰：「未知；焉得仁？」（5.19）
不仁	不安（守喪三年）	宰我問：「三年之喪，期已久矣！君子三年不為禮，禮必壞；三年不為樂，樂必崩。舊穀既沒，新穀既升；鑽燧改火，期可已矣。」子曰：「食夫稻，衣夫錦，於女安乎？」曰：「安！」「女安則為之！夫君子之居喪，食旨不甘，聞樂不樂，居處不安，故不為也。今女

安，則為之！」宰我出。子曰：「予之不仁也！子生三年，然後免於父母之懷。夫三年之喪，天下之通喪也；予也，有三年之愛於其父母乎？」（17.21）

二、不仁者

㈠不仁者之意義

1.不仁者，仁者在位，不仁者遠去：舜有天下時，能夠提拔皋陶從政，賢才在位，不仁者自然遠離；商湯有天下，提拔伊尹之後，不仁者遠離矣。由此可知，孔子認為國君之首要工作在選拔賢才，由皋陶、伊尹從政後，政治上軌道，百姓安和，不仁者自然遠去。故不可與不仁者共同「適道」而從政；不可一起「共立」與朝為官；不可一起「與權」而承負權勢重任。從政會以私利而誤國，仁者在位、因為無法謀取私利而離去。

2.不仁者之特質，不可以安處困境或順境：因為不仁者用私心而非仁心做事做人，對於人、事的動機是自私自利，而利是永不滿足，內心不會「安」，故而不會長期安於貧困或享樂的環境中。不仁者之不安源於內心的不安，也是仁者與不仁者最大的差別之處。

3.對待不仁者之態度，不可太過於厭惡：不仁者如同小人，其特點有好利、驕、成黨結派、不喜成人之美，外表嚴厲而內心怯弱、重面子等，而對待不仁者不能夠表現出很厭惡的樣子，不然他會惱羞成怒而作亂生事，造成困擾。因為不仁者不會自我省察、自我檢討，喜歡遮掩過失，又沒有善心、善德。

㈡不仁者之條文

表五：不仁者之條文

項目	重點	條文
不仁者	不可以久處約 不可以長處樂	子曰：「不仁者，不可以久處約，不可以長處樂。」（4.2）
不仁者	不仁者遠矣	樊遲問仁。子曰：「愛人。」問知。子曰：「知人。」樊遲未達。子曰：「舉直錯諸枉，能使枉者直。」樊遲退，見子夏曰：「鄉也，吾見於夫子而問知，子曰：『舉直錯諸枉，能使枉者直。』何謂也？」子夏曰：「富哉言乎！舜有天下，選於眾，舉皋陶，不仁者遠矣；湯有天下，選於眾，舉伊尹，不仁者遠矣。」（12.22）
不仁者	疾之已甚，亂也	子曰：「好勇疾貧，亂也。人而不仁，疾之已甚，亂也。」（8.10）

第四節　仁的實踐

一、行「仁」的方法

㈠行仁之方法

1.行仁，由（自）己做起：為政的國君要先克制自己的慾望，依禮而行；君子則由在家行孝弟做起（修己），由孝弟至忠、信等個人之仁，再發揮至從政之仁（安民）。故為仁先要建立「仁心」或「仁德」。另亦可以由個人過失中瞭解過失的種類，因而知道是否做到「仁」。

2.行仁，向仁者學習而交往：初到諸侯邦國時，先去事奉有仁德的大夫，交友於有仁德之士。仁者有仁心、德行、仁政，而事奉他、與之交往，就是益友、良友，可以增加自己的仁德，增加生命價值。

3.仁，在學、思、志之間：仁包含了個人之仁及從政之仁，而仁的品德需要從學及思之中學習，並且瞭解及避免不好學之失而愚。又學是「學優則仕」的謀取百姓福祉，所以「志於道」就是施行從政之仁。綜言之，仁就在學、思、志之中了。

4.仁，由自己之意願：「仁」的本身是沒有好、惡的，因為「仁」的本質是無法增加或減少的。實踐或施行仁心、德行時，是要自己不要有「不仁」的品德而已，及由保持一天的「仁心」開始，並且要勇往直前而不讓於師。

㈡行「仁」的條文

表六：行「仁」的條文

項目	重點	條文
為仁	由己	顏淵問仁。子曰：「克己復禮，為仁。一日克己復禮，天下歸仁焉。為仁由己，而由人乎哉？」顏淵曰：「請問其目？」子曰：「非禮勿視，非禮勿聽，非禮勿言，非禮勿動。」顏淵曰：「回雖不敏，請事斯語矣！」（12.1）
為仁	事賢大夫 友士之仁	子貢問為仁。子曰：「工欲善其事，必先利其器。居是邦也，事其大夫之賢者，友其士之仁者。」（15.10）
仁之本	孝弟也	有子曰：「其為人也孝弟，而好犯上者，鮮矣；不好犯上，而好作亂者，未之有也。君子務本，本立而道生。孝弟也者，其為仁之本與！」（1.2）
仁之方	能近取譬	子貢曰：「如有博施於民而能濟眾，何如？可謂仁乎？」子曰：「何事於仁，必也聖乎！堯舜其猶病諸！夫仁者，己欲立而立人，己欲達而達人。能近取譬，可謂仁之方也已。」（6.30）

仁在其中	博學篤志 切問近思	博學而篤志，切問而近思，仁在其中矣。（19.6）
當仁	不讓於師	子曰：「當仁，不讓於師。」（15.36）
仁能守之	知及之後須以仁守之	子曰：「知及之，仁不能守之；雖得之，必失之。知及之，仁能守之，不莊以涖之；則民不敬。知及之，仁能守之，莊以涖之，動之不以禮；未善也。」（15.33）
好仁	能一日用其力	作為⬇好仁者（「仁」的距離）⬇只要有心於仁（無力不足者）都可做到。 子曰：「我未見好仁者，惡不仁者。好仁者，無以尚之。惡不仁者，其為仁矣，不使不仁者加乎其身。有能一日用其力於仁矣乎？我未見力不足者。蓋有之矣，我未之見也。」（4.6）
知仁	觀過	子曰：「人之過也，各於其黨。觀過，斯知仁矣。」（4.7）

二、行仁者（人物）

㈠行仁者

1.行仁者，微子、箕子、比干、伯夷、叔齊、管仲等六人：《論語》中行仁者有微子、箕子、比干、伯夷、叔齊、管仲等六人，都是從政者而「求仁得仁」，其與隱者不同的，隱者只圖自己而不顧百姓福祉，依「行仁」方式可分為三類如下。

＊微子、箕子、比干，「殷有三仁」：殷之三仁面對紂王暴虐，微子去之，箕子為之奴，比干諫而死，三人採取不同的行為而被稱為「仁者」。然就動機而言，三人都以「恕」同理心為出發點，以百姓福祉為考量而反對暴政，並依「事君以忠」的「忠」行事，採取屢諫不聽而退隱、披髮佯狂而為奴、強諫而受死等三種不同的「忠」行為方式。如是，不顧職位、性命、以退為進、勇於進言，就是君子之「謀道」，期望實踐「仁」，故孔子稱之三仁者。

＊伯夷、叔齊，「求仁得仁」：伯夷、叔齊先讓國君之位，後反對周武王伐紂，俟周朝立而餓死首陽山上，孔子謂「求仁得仁」。他們先不求私利而讓國，後反對以暴制暴、重視君臣之忠義，不顧性命，正是實踐了仁德（忠）的價值，被孔子稱許「仁者」。

＊管仲之仁，「九合諸侯，不以兵車」：孔子批評其「器小」，有三歸（饋）、樹塞門（門外立屏）而不知禮，但以「桓公九合諸侯，不以兵車，管仲之力也」。管仲能協助國君九合諸侯、一匡天下而不以兵力，避免兵車之害百姓，使天下和平、百姓安居，這就是管仲之仁政，實踐了「從政之仁」，因而被稱「如其仁！如其仁」。管仲也是唯一的仁政實踐者，故亦表示能使民安的「仁政」超越個人品德的「仁德」。

2.仁者得仁，安於仁：孔子「欲仁仁至」，表示可以隨心所欲而不離「仁心」或「仁德」。顏淵居陋巷，可以「三月不違仁」，三個月內起心動念都是善的仁心，沒有惡念，所以稱是「貧而無怨」。孔子、顏淵的身、心都「安於仁」。因此孔子駁斥宰我將三年之喪改為一年時，就說「女安，則為之」，所以安於仁。

3.非仁者，小人、聞者：小人重私利而無仁心，故小人未有仁者。聞者，是面貌顏（色）像是有仁心、仁德，但是行為卻違反仁德，乃表面一套實際又一套，就是表裡不一的小人。小人、聞者沒有仁心、仁德，所以是非仁者。

㈡行仁者之條文

表七：行仁者之條文

項目	重點	條文
微子、箕子、比干	三仁者	微子去之，箕子為之奴，比干諫而死。孔子曰：「殷有三仁焉。」（18.1）
伯夷、叔齊	求仁得仁	冉有曰：「夫子為衛君乎？」子貢曰：「諾。吾將問之。」入，曰：「伯夷、叔齊何人也？」曰：「古之賢人也。」曰：「怨乎？」曰：「求仁而得仁，又何怨？」出，曰：「夫子不為也。」（7.15）

管仲	一匡天下，民受其賜 微管仲被髮左衽	子貢曰：「管仲非仁者與？桓公殺公子糾，不能死，又相之。」子曰：「管仲相桓公，霸諸侯，一匡天下，民到於今受其賜。微管仲，吾其被髮左衽矣！豈若匹夫匹婦之為諒也，自經於溝瀆而莫之知也！」（14.17）
孔子	欲仁仁至	子曰：「仁遠乎哉？我欲仁，斯仁至矣。」（7.30）
顏回	三月不違仁	子曰：「回也，其心三月不違仁，其餘則日月至焉而已矣。」（6.7）
仁者知者	安仁 利仁	子曰：「不仁者，不可以久處約，不可以長處樂。仁者安仁，知者利仁。」（4.2）
君子	欲仁得仁	子張問於孔子曰：「何如斯可以從政矣？」子曰：「尊五美，屏四惡，斯可以從政矣。」……子曰：「……欲而不貪……。」……子曰：「……欲仁而得仁，又焉貪！……」（20.2）
志士仁人	殺身以成仁	子曰：「志士仁人，無求生以害仁，有殺身以成仁。」（15.9）

聞者	色取仁而行違	子張問：「士何如斯可謂之達矣？」子曰：「何哉，爾所謂達者？」子張對曰：「在邦必聞，在家必聞。」子曰：「是聞也，非達也。夫達也者：質直而好義，察言而觀色，慮以下人；在邦必達，在家必達。夫聞也者，色取仁而行違，居之不疑；在邦必聞，在家必聞。」（12.20）
小人	不仁	子曰：「君子而不仁者有矣夫？未有小人而仁者也！」（14.6）

三、行仁者（典範）

論語中賢者、仁者、知者、君子、士都是行仁者，其中

㈠古之賢者伯夷、叔齊是「求仁得仁」。

㈡君子「欲仁得仁」。

㈢知者「利仁」。

㈣仁者（人）「安仁」及「殺身成仁」。

㈤士是「仁為己任」及「殺身成仁」。

如是，都是「安仁」及「仁為己任」，因而可以不顧性命（安全）、尊嚴、地位（社

交），或奮力於仁。該等都是《論語》中具有正面、示範、效法的典範人物。（如表八）

表八：行仁者與仁之關聯表

名稱	與仁之關係	重點	典範
聖人		博施於民而能濟眾	孔子不得見之
賢者	求仁得仁		伯夷、叔齊
仁者（人）	安仁（殺身成仁）	隱、勸、諫九合諸侯	微子、箕子比干、管仲
知者	利仁（使不仁者遠去）	舉直錯諸枉	舜、湯
君子	欲仁得仁	修己安百姓	孔子（欲仁得仁）顏淵（三月不違仁）
士	仁為己任（殺身成仁）	使於四方不辱君命	

第三章　仁之德

孔子所謂「仁」，包含了「忠、恕、孝、恭、寬、信、敏、惠」等品德，該等可謂「仁之德」。

第一節　忠恕

孔子曰：「吾道一以貫之」，曾子曰：「夫子之道，忠恕而已矣」，然孔子的核心是「仁」，為甚麼曾子謂之「忠恕」？而孔子又並未加以解釋或反駁？

孔子所謂「吾道一以貫之」，「吾道」是指孔子的核心思想「仁」，也就是「仁之道」。然「一以貫之」之「一」，曾子以「忠恕」貫之，如是，就要先瞭解「忠恕」與「仁」之關聯。

「與人忠」及「事君以忠」的「忠」是忠信、忠誠，而待人以忠行於社會（仁德），事君以忠行之於國家（從政）。「恕」是「己所不欲勿施於人」的同理心，從（為）政者對待百姓時要有「同理心」，「恕」是行之於「從（為）政」，要「使民以時、惠而不費、勞而不怨、得眾之寬」等，故「忠恕」是指從政時對上、對下之態度，也是施行「仁政」之態度。

「忠恕」是從政、施行仁（政）的態度，追求的是百姓福祉而非個人名利，故曾子以行仁的最終目標（仁政），謂「夫子之道，忠恕而已矣」，又以實踐「仁」的具體態度（方法），而謂「一以貫之」之「一」是「忠恕」。亦即是以行仁及從政之仁的角度謂之。

一、忠

(一)忠的意義

《論語》之「忠」，可分為兩方面，一是從政方面，一是朋友方面。

1.從政方面，臣事君以忠：臣子以忠誠事奉國君，臣子要有忠心及行事誠實。從政者能在家對父母行孝、對晚輩慈愛，再將之施展或推廣到施政上，必能使百姓忠誠，故孝慈則忠。「忠」是適用於從政方面的態度。

2.朋友方面，與人忠、主忠信：和他人交友要誠實及信用、而交友要能誠實告訴他（忠告）及委婉勸導（善道），但是聽不進去時，就要停止，不要自取其辱。交友要真誠而能勸導，是合乎朋友之義，也是益友。然勸告要適度（中庸之道），不然太過會使其惱羞成怒而遭受侮辱。也說明做人只要盡心（無愧）就好，不必事事如你所願。

3.言語內心方面，言思忠：君子在言語時要考量真誠，內心保持真誠和守信（主忠信），所以君子說話誠實就是要誠實的面對自己。再加上行為厚道恭敬（行篤敬），就可以「行」走四方，所以為人謀事要以忠。

㈡「忠」與「信」，真誠

忠是內心的真誠，信是語言或行為的真誠，忠信乃將內心表現於外，亦即「仁之心」、「仁之德」。故而曾子將「忠、信」列為每天「三省」之二（另一為學習）。

㈢「忠信」與「學」，省察自我

曾子每日以「忠、信、學」來省察自我，顯見孔門重視自我省察及成長。又孔子謂「在十戶人家的小地方必有忠信如孔丘者，但他們不如孔丘好學」，表示「學」對「忠信」之重要，如「好信不好學，其蔽也賊」，有信用是「仁之德」，但如何施展成為「仁之德」，就要學習智慧（學思），來分辨對象、如何施行等，不然會傷害「信」。

㈣忠（信）之條文

表九：忠（信）之條文

項目	重點	條文
忠（為政）	孝慈則忠（使民）	季康子問：「使民敬、忠以勸，如之何？」子曰：「臨之以莊，則敬；孝慈，則忠；舉善而教不能，則勸。」（2.20）

忠（為政）	臣事君以忠	定公問：「君使臣，臣事君，如之何？」孔子對曰：「君使臣以禮，臣事君以忠。」（3.19）
忠（為政）	三仕、三已，無喜、無慍色。必以告新令尹（忠於職務）	子張問曰：「令尹子文三仕為令尹，無喜色；三已之，無慍色。舊令尹之政，必以告新令尹。何如？」子曰：「忠矣。」曰：「仁矣乎？」曰：「未知；焉得仁！」「崔子弒齊君，陳文子有馬十乘，棄而違之。至於他邦，則曰，『猶吾大夫崔子也。』違之；之一邦，則又曰：『猶吾大夫崔子也。』違之。何如？」子曰：「清矣。」曰：「仁矣乎？」子曰：「未知；焉得仁？」（5.19）
忠（為政）	行之以忠	子張問政。子曰：「居之無倦；行之以忠。」（12.14）
忠（職務）	為人謀而不忠乎	曾子曰：「吾日三省吾身：為人謀而不忠乎？與朋友交而不信乎？傳不習乎？」（1.4）
忠（朋友）	忠告而善道之	子貢問友。子曰：「忠告而善道之，不可則止，毋自辱焉。」（12.23）

忠信（品德）	主忠信	子曰：「君子不重則不威，學則不固。主忠信。無友不如己者。過則勿憚改。」（1.8）
忠信（朋友）	主忠信	子曰：「主忠信。毋友不如己者。過則勿憚改。」（9.25）毋⬇不使。
忠（品德）	職務（政治）	子以四教：文，行，忠，信。（7.25）
忠（品德）	與人忠（仁）	樊遲問仁。子曰：「居處恭，執事敬，與人忠；雖之夷狄，不可棄也。」（13.19）
忠信（品德）	忠信如丘者	子曰：「十室之邑，必有忠信如丘者焉，不如丘之好學也。」（5.28）
忠信（個人品德）	主忠信，徙義崇德	子張問崇德辨惑。子曰：「主忠信，徙義，崇德也。愛之欲其生，惡之欲其死；既欲其生，又欲其死，是惑也！」（12.10）「誠不以富，亦祇以異。」（16.12）
忠（言語）	言思忠	孔子曰：「君子有九思：視思明，聽思聰，色思溫，貌思恭，言思忠，事思敬，疑思問，忿思難，見得思義。」（16.10）

忠信（言語）	言忠信（行）	子張問行。子曰：「言忠信，行篤敬，雖蠻貊之邦行矣。言不忠信，行不篤敬，雖州里行乎哉？立，則見其參於前也；在輿，則見期倚於衡也；夫然後行。」子張書諸紳。（15.6）

二、恕

㈠恕之意義

1. 恕，「己所不欲，勿施於人」： 對於自己不願意的事情，不要加諸於他人身上。這是同理心，從政者有此心，施政上才會「因民之所利而利之、擇其可勞而勞之」及「使民以時」等，有利於百姓的作為。

2. 「恕」與「仁」，從政之同理心： 恕是從政者從政之同理心，是孔子倡導仁的源頭。因為仁的推廣是由「仁心」到「仁德」再至「仁政」，達到「博施濟眾」的效果，而仁心就是要使「大家都好」的同理心，故而將仁心推廣，所以「恕」乃「仁」之本源。

3. 「恕」與「忠」，事君之同理心： 恕是以「己所不欲勿施於人」的同理心，依此同理心來使民。忠，事君以忠，乃國君要求臣子應有的基本態度，是基於國君或臣子的同理心，故「忠恕」都是同理心，只是從政時對國君、臣子、百姓的同理心罷了。

㈡恕之條文

表十：恕之條文

項目	重點	條文
忠、恕	夫子之道	曾子曰：「夫子之道，忠恕而已矣。」（4.15）
恕	己所不欲，勿施於人	子貢問曰：「有一言而可以終身行之者乎？」子曰：「其恕乎！己所不欲，勿施於人。」（15.24）
仁	己所不欲，勿施於人	仲弓問仁。子曰：「出門如見大賓；使民如承大祭；己所不欲，勿施於人；在邦無怨，在家無怨。」（12.2）

第二節　孝

一、孝

有子曰：「孝弟也者，其為仁之本與」，孝弟為仁德根本，顯見孝之重要性。

㈠孝之意義

弟子入則孝，表示孝是子弟在家裡的行為，而《論語》將其擴展到國家政治，由個人品德擴展到國家從政政策，關係深遠。

1.孝於父母在時：

＊子弟之態度行為，以禮盡力去侍候父母，要尊敬而保持和悅的臉色，知父母之年紀，出遊（游）必有方（地方）。

＊子弟要避免之事，不要使父母憂慮、要使人不間（信任）於其父母昆弟之言，不遠游。

＊父母有錯時，婉轉勸諫而態度恭敬，不違反禮貌、不怨恨父母。

2.孝於父母不在（喪）時：對父母之葬祭之以禮。不隨意改變父親的政策（道），不作大的變動（先穩），以安老臣及避免反抗等。

3.孝與直，子為父隱：子弟遇到父親不榮譽的事情，也要為之隱匿，顯見孝的價值較於正直為優先，足見重視家庭親情。

4.孝與仁，孝弟乃仁之本：仁之本是孝弟，而孝弟都是源於家庭內的親情（愛），而孝弟是相對父母、兄長之愛護，父母兄長之愛是無私的、奉獻的、犧牲的，弟子要回饋以「孝弟」，故孝之本是「父母兄長之愛」。仁之本是「孝」，孝之本是「愛」。

5.孝與忠，事父與事君：弟子事父母以孝，要盡力事奉，父母有錯時，態度恭敬、婉轉勸諫，不能違反禮數，心中也不能起怨恨；君子事君以忠誠，盡力做好政事（再說俸祿），對國君要直言進諫（不可欺騙），但次數過多（數）會遭到侮辱，對於國君有大錯，要極力進諫，不能勸阻時，就要離職（不作亂造反）。如是，事父母好似事國君，由家推展到國，惟事父母要不違禮、不怨、不離，事國君要以直、不聽則離。

㈡孝之條文

表十一：孝之條文

項目	重點	條文
事父母	事父母，能竭其力	子夏曰：「賢賢易色；事父母，能竭其力；事君，能致其身；與朋友交，言而有信。雖曰未學，吾必謂之學矣。」（1.7）
孝	父母唯憂其疾	孟武伯問孝。子曰：「父母唯其疾之憂。」（2.6）（疾病乃不可抗者，故為憂慮到最少）
喜憂	知父母之年	子曰：「父母之年，不可不知也：一則以喜，一則以懼。」（4.21）
孝（禮）	無違，生、葬、祭以禮	孟懿子問孝。子曰：「無違。」樊遲御，子告之曰：「孟孫問孝於我，我對曰，『無違。』」樊遲曰：「何謂也？」子曰：「生，事之以禮；死，葬之以禮，祭之以禮。」（2.5）

孝	不間父母昆弟之言	子曰：「孝哉閔子騫，人不間於其父母昆弟之言。」（11.5）
父母在	不遠游	子曰：「父母在，不遠游，游必有方。」（4.19）
孝	色難	子夏問孝。子曰：「色難。有事，弟子服其勞；有酒食，先生饌，曾是以為孝乎？」（2.8）
事父母	幾諫 敬、不違、勞、不怨	子曰：「事父母幾諫，見志不從，又敬不違，勞而不怨。」（4.18）
孝弟	仁之本	有子曰：「其為人也孝弟，而好犯上者，鮮矣；不好犯上，而好作亂者，未之有也。君子務本，本立而道生。孝弟也者，其為仁之本與！」（1.2）
直	子為父隱（直在其中）	葉公語孔子曰：「吾黨有直躬者，其父攘羊，而子證之。」孔子曰：「吾黨之直者異於是。父為子隱，子為父隱，直在其中矣。」（13.18）
孝	不改父之臣與父之政	曾子曰：「吾聞諸夫子：孟莊子之孝也，其他可能也；其不改父之臣與父之政，是難能也。」（19.18）
孝	三年無改於父之道	子曰：「三年無改於父之道，可謂孝矣。」（4.20）

孝	父在觀其志 父沒觀其行	子曰：「父在觀其志；父沒觀其行；三年無改於父之道，可謂孝矣。」（1.11）
孝	今之孝者，是謂能養	子游問孝。子曰：「今之孝者，是謂能養。至於犬馬，皆能有養；不敬，何以別乎？」（2.7）

二、孝之實踐

㈠孝之實踐方法

1. 孝於仁，「弟子之孝」乃相對於「父母之愛」：父母對於子女之愛乃出於天性，是無私、奉獻、犧牲的。相對之，弟子要以順、無違、恭敬等禮事奉父母，故孝之本於父母之愛。孝之仁乃愛之仁，仁之本是父母之愛。

2. 孝與弟，入則孝，出則弟：家庭是孕育、培養個人品德的場所，在家（入）則弟子孝順父母，出外則友愛朋友，將在家孝順父母的精神（愛的回饋）推展出去，友愛、敬愛兄長，也是人際關係的延長。

3. 孝之於從政，由家庭至國家：君子從政是仁心、仁德到仁政，仁心的根本是孝心，孝心的根本是父母之「愛」，將回饋父母之愛推廣（展）成對百姓之愛，就是施展於國家政策之仁政。

4. 孝於祭祀，哀：對於先人之祭祀要哀，不必注意自己的衣服華麗，表示孔子重視個人祭祀時之內在的感受而非外表的華麗。

㈡實踐孝之條文

表十二：實踐孝之條文

項目	重點	條文
仁	孝為仁之本	有子曰：「其為人也孝弟，而好犯上者，鮮矣；不好犯上，而好作亂者，未之有也。君子務本，本立而道生。孝弟也者，其為仁之本與！」（1.2）
弟	弟子入則孝	子曰：「弟子入則孝，出則弟，謹而信，汎愛眾，而親仁。行有餘力，則以學文。」（1.6）
政	孝出則弟	或謂孔子曰：「子奚不為政？」子曰：「書云：『孝乎惟孝，友於兄弟，施於有政。』是亦為政，奚其為為政？」（2.21）
忠	孝慈則忠	季康子問：「使民敬忠以勸，如之何？」子曰：「臨之以莊，則敬；孝慈，則忠；舉善而教不能，則勸。」（2.20）

士	宗族稱孝 鄉黨稱弟	子貢問曰：「何如斯可謂之士矣？」子曰：「行己有恥，使於四方，不辱君命，可謂士矣。」曰：「敢問其次？」曰：「宗族稱孝焉，鄉黨稱弟焉。」曰：「敢問其次？」曰：「言必信，行必果；硜硜然小人哉！抑亦可以為次矣。」曰：「今之從政者何如？」子曰：「噫！斗筲之人，何足算也！」（13.20）
祭	致孝乎鬼神	子曰：「禹，吾無間然矣，菲飲食而致孝乎鬼神，惡衣服而致美乎黻冕，卑宮室而盡力乎溝洫，禹，吾無間然矣。」（8.21）

第三節　仁的相關品德（恭寬信敏惠）

一、恭

㈠恭之意義

1.恭，是一種謙恭的態度：君子的行為謙恭（行己也恭），在容貌上要謙恭（貌思恭），在職位上態度謙恭（居處恭），孔子的態度謙而安定（恭而安），外在態度的謙恭而內心安定。

2.恭與仁，恭乃仁：謙恭的態度表現出個人的心境平和（恭而安），謙恭的態度是禮的表現，也就是個人內在之仁心。另敬、忠是對外之仁德。

3.恭與禮，恭而要符合禮：謙恭要符合（近）禮，能適度（中庸）表現，才不會感到羞恥，或招來別人的侮辱。故恭而有禮，四海皆兄弟。又態度謙恭而不符合禮貌時，會太過而使自己勞累疲倦。

4.恭之太過（足恭），恥：態度過度謙恭，不是有所求就是虛情假意，一般都是表面功夫，而不是內心的謙虛，是可恥的行為，所以恭也要符合中庸之道。

㈡恭之條文

表十三：恭之條文

項目	重點	條文
恭	恭則不侮	子張問仁於孔子。孔子曰：「能行五者於天下，為仁矣。」「請問之？」曰：「恭、寬、信、敏、惠。恭則不侮，寬則得眾，信則人任焉，敏則有功，惠則足以使人。」（17.5）
恭	居處恭	樊遲問仁。子曰：「居處恭，執事敬，與人忠；雖之夷狄，不可棄也。」（13.19）
恭	恭近於禮遠恥辱	有子曰：「信近於義，言可復也。恭近於禮，遠恥辱也。因不失其親，亦可宗也。」（1.13）

恭	行己也恭	子謂子產，「有君子之道四焉：其行己也恭，其事上也敬，其養民也惠，其使民也義。」（5.16）
恭	足恭	子曰：「巧言、令色、足恭，左丘明恥之，丘亦恥之。匿怨而友其人，左丘明恥之，丘亦恥之。」（5.25）
恭	恭而安	子溫而厲，威而不猛，恭而安。（7.38）
恭	恭而無禮則勞	子曰：「恭而無禮則勞，慎而無禮則葸，勇而無禮則亂，直而無禮則絞。君子篤於親，則民興於仁。故舊不遺，則民不偷。」（8.2）
恭	恭而有禮；四海之內，皆兄弟也	司馬牛憂曰：「人皆有兄弟，我獨亡！」子夏曰：「商聞之矣：『死生有命，富貴在天』。君子敬而無失，與人恭而有禮；四海之內皆兄弟也。君子何患乎無兄弟也？」（12.5）
恭	貌思恭	孔子曰：「君子有九思：視思明，聽思聰，色思溫，貌思恭，言思忠，事思敬，疑思問，忿思難，見得思義。」（16.10）

二、寬

㈠寬之意義

1.寬之用，寬是上對於下之態度：要有寬大的心胸容納不同的意見，或以寬容的態度對別人。而君子內省、修己、約之以禮、見得思義等，都顯見君子嚴以律己，而安百姓、成人之美等，就是寬以待人。

2.寬之功效，寬則得眾：在從政時要以寬大的態度對待百姓，如是，則會得到百姓的擁戴。而寬之相反就是虐、暴、賊、吝等，從政不要有「不教而殺；不戒視成；慢令致期；猶之與人也，出納之吝」等四惡。

㈡寬之條文

表十四：寬之條文

項目	重點	條文
寬	居上不寬	曾子曰：「居上不寬，為禮不敬，臨喪不哀，吾何以觀之哉？」（3.26）
寬	寬則得眾	子張問仁於孔子。孔子曰：「能行五者於天下，為仁矣。」「請問之？」曰：「恭、寬、信、敏、惠：恭則不侮，寬則得眾，信則人任焉，敏則有功，惠則足以使人。」（17.5）

三、信

㈠信之意義

1.信，是做人的基本條件：孔子在選擇去除「兵、食、信」三者時，先「去兵」，次「去食」，去食則民死，而保留「民信」，顯見孔子認為「民無信不立」，信任（用）較生命（足食）更重要，因為信譽是做人最基本的條件。

2.朋友，信之：朋友是異姓的關係，相互以「信」來建立關係，需要「言而有信」的典範。朋友信之也代表社會安和，是孔子願望中老者安之、少者懷之的另一項表徵。

3.從政，先信後勞：從政時，先建立信用的聲望（譽）後，百姓接到指派命令才會任勞任怨，不然會認為受到虐待，所以「信而後勞」，「信以成之」。為政時，國君堅守信用，百姓不敢掩蓋實情，使下情上達。

4.信與學，有信仍然需要學習：堅守（好）信用者，往往昧於感情而害義、理，需要學習建立理性的判斷，所以篤信仍需好學。又士之「言必信，行必果」，以守信第一，不顧身家性命，不守法令，破壞社會和諧，故信之太過也有缺失。

5.君子、士、弟子之信：君子，從政「信以成之」，從政最後要能建立信用來成就政事，顯見信用之重要。士，「言必信，行必果」，充分顯出對於信用之執著，不理會是否合於法規，有江湖豪爽之個性；弟子，謹而信，弟子行為謹慎、言語有信用，顯見在學習中的情形。三種不同身分者之信也都與其身分相符合。

㈡信之條文

表十五：信之條文

項目	重點	條文
信	人而無信	子曰：「人而無信，不知其可也。」（2.22）
信	朋友信之	子曰：「老者安之，朋友信之，少者懷之。」（5.26）
信	朋友交，言而有信	子夏曰：「與朋友交，言而有信。雖曰未學，吾必謂之學矣。」（1.7）
信	敬事而信	子曰：「道千乘之國，敬事而信，節用而愛人，使民以時。」（1.5）
信	民無信不立	子貢問政。子曰：「足食，足兵，民信之矣。」……曰：「去兵。」……曰：「去食。自古皆有死，民無信不立。」（12.7）
信	上好信，則民莫敢不用情	樊遲請學稼……「小人哉，樊須也！……上好信，則民莫敢不用情……」（13.4）
信	信而後勞其民	子夏曰：「君子信而後勞其民；未信，則以為厲己也。信而後諫；未信，則以為謗己也。」（19.10）

信	信則民任	堯曰：「咨！爾舜！……。所重民：食、喪、祭。寬則得眾，信則民任焉。」（20.1）
信	好信不好學，其蔽也賊	子曰：「由也，女聞六言六蔽矣乎？」……「居！吾語女……好信不好學，其蔽也賊……」（17.7）
信	篤信好學	子曰：「篤信好學，守死善道。」（8.13）
信	信則人任焉	子張問仁於孔子。曰：「恭、寬、信、敏、惠……，信則人任焉……。」（17.5）
君子	信以成之	子曰：「君子義以為質，禮以行之，孫以出之，信以成之。君子哉！」（15.18）
士	言必信，行必果	子貢問曰：「何如斯可謂之士矣？」……「言必信，行必果」……。（13.20）
弟子	謹而信	子曰：「弟子，入則孝，出則弟，謹而信，汎愛眾，而親仁。行有餘力，則以學文。」（1.6）

四、敏

㈠敏之意義

1.敏於行、事：敏是認真勤快的意思，君子從政作官要勤奮，要能瞭解百姓的需求，經常到第一線去走動式管理，所以要敏於行。對於政事也要有機智、靈敏的心態去深入探詢，所以要敏於事。而「敏」是君子的特質之一。

2.敏與學，敏而好學，不恥下問：學要敏，敏就是不恥下問，包含了「赤子之心」的疑，及「三人行必有我師」的認知，不顧及身分顏面而敢於請教，如是，才能學到「知新」。所以孔子就「敏以求之」，不恥下問的瞭解古禮。另學要思，得新知後要去思，不然學而不思則罔。

3.敏則有功，從政要勤奮：從政者需要勤奮、認真的工作，才會得到成果。也表示「成功」是要辛勤的努力，有付出才會有收穫，惟須注意的是，辛勤、努力表示個人的投入，而更重要的是要用正確的方法（義），及適當的作法（中庸），才會有「功」。

㈡敏之條文

表十六：敏之條文

項目	重點	條文
敏	敏於事	子曰：「君子食無求飽，居無求安，敏於事而慎於言，就有道而正焉，可謂好學也已。」（1.14）

敏	敏於行	子曰：「君子欲訥於言，而敏於行。」（4.24）
敏	敏而好學	子貢問曰：「孔文子何以謂之文也？」子曰：「敏而好學，不恥下問，是以謂之文也。」（5.15）
敏	敏則有功	子曰：「我非生而知之者，好古，敏以求之者也。」（7.20）
敏	敏則有功	子張問仁於孔子。孔子曰：「恭、寬、信、敏、惠……，敏則有功，惠則足以使人。」（17.5）

五、惠

㈠惠之意義

1.惠之內涵，《論語》之惠分為小惠、大惠：小惠，就是小人所眷念的小恩惠或小利等財富方面的私利。大惠，是從政的政策，是能「因民之所利而利之」，使百姓受惠。這也是小人與君子之差別，小人只想到自己私利小惠，君子是要對百姓福祉的大惠。

2.惠，養民以惠：君子從政要使百姓受到大惠，就是百姓能足食、足兵、足信。而「養」包含養之責任及養之足食，君子為政作官，就有責任使百姓吃飽，惠表示方法、政策，要有好的政策使其吃飽，所以養民以「因民之所利而利之」的政策。

3.惠，使人：能夠大惠於民，百姓就會聽從命令。因為大惠要使百姓得所利，利於其追求安居樂業，百姓對於自己有利的地方（政策）自然會去聽從而易使。故惠包含了與民的同理心（恕），及己立立人、己達達人的推廣心。

4. 惠人，子產與管仲：孔子對於子產的評論「恩惠愛護百姓」。對於管仲則謂「仁（人）」，二者相對比較，子產大惠於民，而管仲奪人封地。一恩、一奪，惠而愛戴，奪而無怨，顯見孔子更重視從政而「無怨」。由稱管仲之「仁」而知，使人「無怨」是使人心服，也是仁德、仁政的表現（貧而無怨，優於富，而好禮）。

㈡惠之條文

表十七：惠之條文

項目	重點	條文
惠	小人懷惠	子曰：「君子懷德，小人懷土；君子懷刑，小人懷惠。」（4.11）
惠	其養民也惠	子謂子產，「有君子之道四焉：其行己也恭，其事上也敬，其養民也惠，其使民也義。」（5.16）
惠	惠則足以使人	子張問仁於孔子。孔子曰：「恭、寬、信、敏、惠……，敏則有功，惠則足以使人。」（17.5）

惠	惠人	或問子產，子曰：「惠人也。」問子西。曰：「彼哉彼哉！」問管仲。曰：「人也，奪伯氏駢邑三百，飯疏食，沒齒無怨言。」（14.9）
惠	惠而不費 因民之所利而利之	子張問於孔子曰：「……從政矣？」子曰：「尊五美，屏四惡……。」子曰：「君子惠而不費；……因民之所利而利之，斯不亦惠而不費乎？」（20.2）

第四節　近仁之德及其他

一、剛、毅、木訥

㈠剛、毅、木訥之意義（本質近仁）

1.剛，慾則非剛：孔子謂「棖也欲，焉得剛」，欲則非剛。欲就追求富貴、榮譽、利益等外在事物的心理，若有所求就不會「見得思義」，不會挺身為百姓福祉說話，更何況捨身，如殷之三仁，故孔子未見剛者。若過於「剛」則會失之「狂妄」；另在成長過程中，壯年時因血氣剛強而戒之在鬥。

2.毅，堅持下去：士任重道遠，所以心胸寬弘、意志堅毅。對於正確的事要堅持，所以「行仁」要有毅力，故毅是近仁。子夏謂「有始有卒者，其惟聖人乎」，顯見毅力的重要。

3. 木訥：君子敏於行而欲訥於言，言語方面，說話較為遲鈍些，較不會違背實情。相對於木訥是能說善道的「巧言」，然巧言會加油添醋的亂說而「亂德」。

㈡剛、毅、木訥之條文

表十八：剛、毅、木訥之條文

項目	重點	條文
剛	剛、毅、木訥，近仁	子曰：「剛、毅、木訥，近仁。」（13.27）
剛	棖也欲，焉得剛	子曰：「吾未見剛者。」或對曰：「申棖。」子曰：「棖也欲，焉得剛？」（5.11）
剛	血氣方剛，戒之在鬥	孔子曰：「君子有三戒：少之時，血氣未定，戒之在色；及其壯也，血氣方剛，戒之在鬥；及其老也，血氣既衰，戒之在得。」（16.7）
剛	好剛不好學，其蔽也狂	子曰：「由也，女聞六言六蔽矣乎？」對曰：「未也。」「居！吾語女：好仁不好學，其蔽也愚；好知不好學，其蔽也蕩；好信不好學，其蔽也賊；好直不好學，其蔽也絞；好勇不好學，其蔽也亂；好剛不好學，其蔽也狂。」（17.7）

毅	弘毅	曾子曰：「士不可以不弘毅，任重而道遠，仁以為己任，不亦重乎，死而後已，不亦遠乎。」（8.7）
訥	訥於言	子曰：「君子欲訥於言，而敏於行。」（4.24）

二、其他品德

㈠明（見）、遠（見）

不受到長期的詆毀（浸潤之譖）及身體般的毀謗（膚受之愬）的影響，仍然堅定自我而能認知（識）清楚明白，可謂有明（見）、遠（見）。

㈡達

本質（內在）上很正直而好行義，又能察言而觀色而謙讓於人（慮以下人），其內有正義感，外又能察言觀色，不會情感用事，故而在邦國、家鄉能夠顯達（從政）。

㈢聞

外表言語容貌（色）上似有仁德（取仁）的態度，但是行為上卻違反仁德，就是說一套、做一套，仍自以為是的不自省察，在邦國、家鄉也能夠有相當的名聲（虛偽）。

㈣友

能夠忠誠勸告，用好方法導正（善道），就是友。但是勸導不行時也要適可而止，才不會使其惱怒自取侮辱。表示規勸友人也要有明見。

(五)愛

愛是上對下的態度，長輩喜愛或愛護晚輩，仍然要能使其勞苦而成長，避免溺愛，故謂「愛之，能勿勞乎」。

(六)其他品德之條文

表十九：其他品德之條文

項目	重點	條文
明遠	譖愬之不行	子張問明。子曰：「浸潤之譖，膚受之愬，不行焉，可謂明也已矣。浸潤之譖，膚受之愬，不行焉，可謂遠也已矣。」（12.6）
達聞	質直好義，察言觀色，慮以下人；色取仁而行違，居之不疑	子張問：「士何如斯可謂之達矣？」子曰：「何哉？爾所謂達者？」子張對曰：「在邦必聞，在家必聞。」子曰：「是聞也，非達也。夫達也者，質直而好義，察言而觀色，慮以下人。在邦必達，在家必達。夫聞也者，色取仁而行違，居之不疑；在邦必聞，在家必聞。」（12.20）

友	友忠告善道	子貢問友。子曰：「忠告而善道之，不可則止，毋自辱焉。」（12.23）
愛	能勿勞乎	子曰：「愛之，能勿勞乎？忠焉，能勿誨乎？」（14.7）
過	過而不改	子曰：「過而不改，是謂過矣！」（15.30）
辭	辭達	子曰：「辭，達而已矣！」（15.41）

第四章　利仁之德

《論語》中對於聖者、仁者、知者、勇者、賢者、德者是以仁或品德來定義，所謂君子、士等是以人物來論斷。《論語》中聖人不得而未見，賢者有六人，是以志、身、言、行等來論證，德者一人，也是以品德論之。本章再列出其他品德者，如成人、言者、狷者、有恆者、狂者、矜者、愚者、不可共者、鄙夫等解析，最後經孔子「不得而見者」與「未見者」列出，也可瞭解孔子之期望。

第一節　知、勇

一、知（近仁者）

㈠知者之涵義

1. 知，知人、不失人、不失言：知者有知人之明，能提舉正直者為官，使枉曲者變成正直，如「舜舉直」之案例。又因知人而識人（才），不會漏失「可與言者」而「不失人」，及不可和其言語而言者而「失言」的缺失。

2. 知者，不惑：知者是有智慧者，對於人的觀察、事的分析清楚，故而不惑。知者能觀察或瞭解對方或學生們，可否繼續再深入討論，又不會有失去提攜人才而「失人」，或過早告知而「失言」的遺憾。（如子貢始可與言詩）

3.知者的個性，樂水、（喜）樂：知者樂水，喜樂於水流長遠而無礙、活潑、通暢的特性，心中常保喜樂而「不憂」。相對仁者樂山，山有靜、穩重的特性，所以「知者動，仁者靜。知者樂，仁者壽」。

4.知者從政，務民之義，敬鬼神而遠之：對百姓，要去做對百姓有利且合宜者；對鬼神，敬而遠之，顯見知者務實的一面，及認清百姓福祉為優先的智慧。

5.知者與仁之關係，知者利仁：知者有智慧，明事理，判斷是非又能舉才。因為知者舉賢臣，賢臣在位而不仁者離去，賢臣行仁政使百姓安樂，因而知者「利於仁」的施行。

㈡知者之條文

表二十：知者之條文

項目	重點	條文
知	知人（舉直錯諸枉，使枉直及不仁者遠）	樊遲問仁。子曰：「愛人。」問知。子曰：「知人。」樊遲未達。子曰：「舉直錯諸枉，能使枉者直。」樊遲退，見子夏曰：「鄉也，吾見於夫子而問知，子曰：『舉

		直錯諸枉，能使枉者直。』何謂也？」子夏曰：「富哉言乎！舜有天下，選於眾，舉皋陶，不仁者遠矣；湯有天下，選於眾，舉伊尹，不仁者遠矣。」（12.22）
知者	利仁	子曰：「不仁者，不可以久處約，不可以長處樂。仁者安仁，知者利仁。」（4.2）
知者	樂水	子曰：「知者樂水，仁者樂山。知者動，仁者靜。知者樂，仁者壽。」（6.23）
知者	不惑	子曰：「知者不惑，仁者不憂，勇者不懼。」（9.29）
知者	不惑	子曰：「君子道者三，我無能焉：仁者不憂，知者不惑，勇者不懼。」子貢曰：「夫子自道也！」（14.29）
知者	不失人 不失言	子曰：「可與言，而不與之言，失人；不可與言，而與之言，失言。知者不失人，亦不失言。」（15.8）
上知	不移	子曰：「性相近也，習相遠也。」子曰：「唯上知與下愚不移。」（17.2）
知者	（子貢）惡徼以為知者	子貢曰：「君子亦有惡乎？」……子曰：「賜也亦有惡乎？」曰：「惡徼以為知者，……。」（17.22）

樊遲問知。子曰：「務民之義，敬鬼神而遠之，可謂知矣。」問仁。曰：「仁者先難而後獲，可謂仁矣。」（6.22）

知
務民之義
敬鬼神而遠之

二、勇（含勇者）

㈠勇之意涵

1. 勇與義，見義不為，無勇：勇要以「義」為基準，依義當為是勇。反之，當為而不為乃無勇，是故「勇以義為質」。勇的本質要符合「義」，就如君子、士要「見得思義」，面臨利益（得）時需要思量是否符合「義」的規範，才是勇的表現。

2. 勇與禮，勇而無禮則亂：立於禮，約之以禮，禮是一種約束、規範，如果沒有禮的規範，無限制的（意氣）勇則亂。「勇」要有「禮」的規範，才能維護家庭、社會、國家的秩序，故君子「惡勇而無禮者」，子貢「惡不（謙）孫以為勇者」。

3. 勇與學，勇而不好學則亂：勇要由學增其智慧，以義為質、以禮約之，故而孔子以「文、行、忠、信」教導學生，充實學生個人之品德（仁心、仁德）、知識，使其知義、知禮，而不會違法犯紀之「亂」。

4. 勇與從政，三年使民有勇：子貢自許有治亂世之才，能使國家「足兵」，能使民有勇，故而能捍衛家園、國家。使民有勇，固然是於亂世治國之道，但因君子尚且「有勇而無義為亂，小人有勇而無義為盜」及「好勇疾貧則亂」，無法長治久安，故孔子譏諷而笑，笑其「無所取材」，有違「以禮治國」的原則。

5.勇者，無懼：「勇者，不懼、不必有仁」，勇者不懼，顯示勇者的特質是無所畏懼，其缺失在於「易亂」，且不懼並非仁心、仁德，故謂不好學、無禮則亂。勇者需要由學增加智慧，由知義、知禮來遵守典範，才會成為真正的勇者。

㈡勇之條文

表二十一：勇之條文

項目	重點	條文
無勇	見義不為	子曰：「非其鬼而祭之，諂也。見義不為，無勇也。」（2.24）
勇	勇而無禮則亂	子曰：「恭而無禮則勞，慎而無禮則葸，勇而無禮則亂，直而無禮則絞。君子篤於親，則民興於仁。故舊不遺，則民不偷。」（8.2）

好勇	好勇不好學，其蔽也亂	子曰：「由也，女聞六言六蔽矣乎？」……「好勇不好學，其蔽也亂。」（17.7）
勇	君子有勇而無義為亂	子路曰：「君子尚勇乎？」子曰：「君子義以為上。君子有勇而無義為亂，小人有勇而無義為盜。」（17.21）
好勇	好勇疾貧，亂也	子曰：「好勇疾貧，亂也。人而不仁，疾之已甚，亂也。」（8.10）
勇	惡勇而無禮者	子貢曰：「君子亦有惡乎？」子曰：「有惡。惡稱人之惡者，惡居下流而訕上者，惡勇而無禮者，惡果敢而窒者。」曰：「賜也亦有惡乎？」「惡徼以為知者，惡不孫以為勇者，惡訐以為直者。」（17.22）
好勇	好勇過我，無所取材	子曰：「道不行，乘桴浮於海。從我者，其由與？」子路聞之喜。子曰：「由也，好勇過我，無所取材。」（5.7）
有勇	由也為之，比及三年，可使有勇	子路、曾皙、冉有、公西華侍坐。子曰：「以吾一日長乎爾，毋吾以也。居則曰：『不吾知也！』如或知爾，則何以哉？」子路率爾而對曰：「千乘之國，攝乎

		大國之間，加之以師旅，因之以饑饉，由也為之，比及三年，可使有勇，且知方也。」夫子哂之。……曰：「夫子何哂由也？」曰：「為國以禮，其言不讓，是故哂之。」（11.24）
勇者	勇者不懼	子曰：「君子道者三，我無能焉：仁者不憂；知者不惑；勇者不懼。」子貢曰：「夫子自道也！」（14.29）
勇者	勇者不懼	子曰：「知者不惑，仁者不憂，勇者不懼。」（9.29）
勇者	勇者，不必有仁	子曰：「有德者，必有言；有言者，不必有德。仁者，必有勇；勇者，不必有仁。」（14.4）

第二節　賢、德、直

一、賢、賢者

(一)賢者之內涵

1.賢，先覺者：能夠有智慧先發覺被欺詐、失信者。另《論語》中之賢者，都是從政者，故賢者也是從政的立場定位。

2.賢者之應世，避世、避地、避色、避言：從政時能先覺而避開災禍（應世），就有避世的隱者，避地的離開亂邦，避色的不合禮制而去者，避言的言語不當而離去。所以賢者能有所覺知而應世，所以孔子稱伯夷、叔齊是「古之賢人也」。

3.賢者，《論語》中舉出的賢者言行：可分三類，由志、身、言、行等來論證賢者。

＊不委屈（降）志（節）、不羞辱身體（人格）者：伯夷、叔齊（不降其志，不辱其身）。

＊受委屈（降）志（節）、羞辱身體（人格）、言語合乎中道（倫）、行為合乎中道（慮）：柳下惠、少連。從政而被罷三次。

＊隱居（不辱志節、身體乃身中清）、放言（高論），廢弛權（變）通達變（廢中權）：虞仲、夷逸。

4.孔子從政的選擇，行仁：賢者應世以志節、辱身來區分，孔子自謂與他們不同，沒有一定的作法（無可無不可），而是以可以施展仁政則用（行），可看出孔子是以「行仁」為依據而非「志、身、言、行」等條件，因而不幫助衛君，也是由是否得仁而論。

㈡賢者之條文

表二十二：賢者之條文

項目	重點	條文
賢者	先覺者	子曰：「不逆詐，不億不信，抑亦先覺者，是賢乎！」（14.32）（不懷疑他人欺詐，不猜測他人會失信，而能先發覺欺詐、失信）
賢者	辟世、地、色、言	子曰：「賢者辟世，其次辟地，其次辟色，其次辟言。」子曰：「作者七人矣！」（14.38）（避（亂）世、地方、臉色、言語）
賢者（七人）	志、身、言、行	逸民：伯夷、叔齊、虞仲、夷逸、朱張、柳下惠、少連。子曰：「不降其志，不辱其身，伯夷、叔齊與！」謂：「柳下惠、少連，降志辱身矣，言中倫，行中慮，其斯而已矣！」謂：「虞仲、夷逸，隱居放言，身中清，廢中權。」「我則異於是，無可無不可。」（18.8）參（子謂顏淵曰：「用之則行，舍之則藏，惟我與爾有是夫。」（7.11））

賢人（柳下惠）	直道而事人	柳下惠為士師，三黜。人曰：「子未可以去乎？」曰：「直道而事人，焉往而不三黜？枉道而事人，何必去父母之邦！」（18.2）
賢人	求仁而得仁	冉有曰：「夫子為衛君乎？」子貢曰：「諾；吾將問之。」入，曰：「伯夷、叔齊何人也？」曰：「古之賢人也。」曰：「怨乎？」曰：「求仁而得仁，又何怨？」出，曰：「夫子不為也。」（7.15）

二、德、德者

㈠德、德者之意義

1.德，得也：孔子謂「先事後得」乃「崇德」，德乃得。又孔子曰謂「據於德」，個人在面臨「得」時要有所根據，所以「見得」要「思義」，在決定「得」與「不得」時，必定要以「義」來做衡量。另在自我要求時，子夏謂「大德不踰閑」，面對大處（得）不可以踰越界線，「小得」是可以稍微有些出入的。

2.德之至，可得而不得也：孔子稱「太伯三讓天下」及周有「三分天下有其二，以服事殷」，可謂「至德」，顯見「至德」乃「可得而不得」。又謂「為政以德，譬如北辰，居其所而眾星共之」，國君「為政」要以「不得」治天下，所以孔子推崇「舜，無為而治，恭南面而已」。面對可得而不得時，必定會獲得肯定、讚許的，所以是「德不孤，必有鄰」。另對於千里馬也是稱許其大「得」。

3.德（得）之至，中庸：中庸是中和而不偏不倚。面臨「得」的時候，需要視時間、地點、情況而決定，做出適中的行為是最為困難，如「質」與「文」、「師也過，商也不及」等，要避免「過與不及」的缺失，說的簡單，做起來不易，故稱為「德之至」。

4.德之過，賊、亂、棄：「據於德」，「得」是要有所根據而需合乎中庸之道。「鄉愿」是濫好人而沒原則（過之），乃稱之「德之賊」；道聽塗說是隨便相信（過之），乃「德之棄」；巧言則言過其實（過之），乃「德之亂」，都是作為上的「過」，傷害了「德」，故為賊、亂、棄。

5.德之回報，以直：對於德之回報也應以「中庸」來審視之，如以德報怨，則用什麼報德（太過）？所以「以直報怨，以德報德」才合乎中庸之道。

6.知德者，鮮（少）：孔子對子路說「知德者鮮矣」，要能知「德」而須「修己」；又「執德不弘」，怎麼算是有「德」，所以「知德」者少見了。另孔子自謂「天生德於予」，顯見天生「德」予孔子，使其有得，成為新典範，來承擔（天降）大任。

7.德者，必有言：德者乃有所得者，才能有條理的說出一番道理，所以有德者必有言。反之，有言者，或是巧言、或是塗說，所以未必是有所得者。孔子稱「天生德於予」，概以上天讓孔子幼時艱困而多能，又能好學，所以能有所得而是德者。另孔子未見「好德如好色者」，好得乃要能有所根據（據於德），好色乃貪色，概在譏諷當時「斗筲之人」（從政者）。

㈡德、德者之條文

表二十三：德、德者之條文

項目	重點	條文
德	中庸之為德	子曰：「中庸之為德也，其至矣乎！民鮮久矣。」（6.29）
德	驥稱其德	子曰：「驥不稱其力，稱其德也。」（14.34）
德	必有鄰	子曰：「德不孤，必有鄰。」（4.25）
大德	大德不踰閑	子夏曰：「大德不踰閑；小德出入可也。」（19.11）
至德者	三以天下讓	子曰：「泰伯，其可謂至德也已矣。三以天下讓，民無得而稱焉。」（8.1）
德者	天生德於予	子曰：「天生德於予，桓魋其如予何？」（7.23）

德者	必有言	子曰：「有德者，必有言；有言者，不必有德。仁者，必有勇；勇者，不必有仁。」（14.4）
好德	如好色者	子曰：「已矣乎！吾未見好德如好色者也！」（15.13）
好德	如好色者	子曰：「吾未見好德，如好色者也。」（9.18）
知德	鮮矣	子曰：「由，知德者鮮矣！」（15.4）
執德	執德不弘	子張曰：「執德不弘，信道不篤，焉能為有？焉能為亡？」（19.2）
德之賊	鄉愿	子曰：「鄉原，德之賊也！」（17.11）
德之亂	巧言亂德	子曰：「巧言亂德。小不忍，則亂大謀。」（15.27）
德之棄	道聽塗說，德之棄	子曰：「道聽而塗說，德之棄也！」（17.12）
德之報	以德報德 以直報怨	或曰：「以德報怨，何如？」子曰：「何以報德？以直報怨，以德報德。」（14.35）

三、直、直者

㈠直之意義

1. 直，正直、爽直：直是正直，但是在實踐「直」時，孔子謂「父為子隱，子為父隱，直在其中矣」，顯見「直」仍須含括「人情、親情」；由直狂者多爽直。爽直是不矯飾而不詐，如狂者個性上多是爽直，達者質直，乃主忠信而不矯飾，古之愚者也爽直而不詐。又因其直所以稱為益友。

2.直與禮、學，不學或無禮則絞：喜好「直」而不好學的缺失是急切（絞），好直則心切，如果不學則無智慧變通；爽直而沒有禮貌則容易急切而失禮，「直」需要以禮來節制，因直的缺失在於「絞」，需要以禮、學來克制。

3.直與怨，以直報怨：「依利而行」則多怨，面對怨則以無私的直道來處理，才不會產生更多的怨恨，所以「以直報怨」符合中庸之道；反之，「以德報怨」則會產生出「何以報德」的困擾與不平。

4.直道，三代之行也：孔子自稱他所毀譽的都是經過驗證（試）的，所驗證的就是古三代夏商周之「直道」，就是古三代社會中所施行的直道，也就是人群社會之所以能存續的直道。

5.舉直，民服：舉用品德高尚、行事端正的正直者，在政治上，能夠行惠、寬及擇可勞而勞之，使民無怨，百姓信服，邪曲不仁者自然會離去，所以為政在舉直則民服。

6.直者，直道事人：邦國有道時，史魚如箭（矢）般的直，又柳下惠自謂能以「直道而事人」，二人都是從政以直道。反之，微生高向鄰居討取醋而轉給他人，不直接說沒有醋，被孔子認為並不是直者。

㈡直之條文

表二十四：直之條文

項目	重點	條文
直	狂而不直	子曰：「狂而不直，侗而不愿，悾悾而不信，吾不知之矣。」（8.16）
直	益友	孔子曰：「益者三友，損者三友：友直，友諒，友多聞，益矣。友便辟，友善柔，友便佞，損矣。」（16.4）
直	直而無禮則絞	子曰：「恭而無禮則勞，慎而無禮則葸，勇而無禮則亂，直而無禮則絞。君子篤於親，則民興於仁。故舊不遺，則民不偷。」（8.2）
直	好直不好學，其蔽也絞	子曰：「由也，女聞六言六蔽矣乎？」對曰：「未也。」「居！吾語女：好仁不好學，其蔽也愚；好知不好學，其蔽也蕩；好信不好學，其蔽也賊；好直不好學，其蔽也絞；好勇不好學，其蔽也亂；好剛不好學，其蔽也狂。」（17.7）

直	質直	子張問：「士何如斯可謂之達矣？」子曰：「何哉，爾所謂達者？」子張對曰：「在邦必聞，在家必聞。」子曰：「是聞也，非達也。夫達也者：質直而好義，察言而觀色，慮以下人；在邦必達，在家必達。夫聞也者：色取仁而行違，居之不疑；在邦必聞，在家必聞。」（12.20）
直	舉直錯諸枉	樊遲問仁。子曰：「愛人。」問知。子曰：「知人。」樊遲未達。子曰：「舉直錯諸枉，能使枉者直。」樊遲退，見子夏曰：「鄉也，吾見於夫子而問知；子曰：『舉直錯諸枉，能使枉者直。』何謂也？」子夏曰：「富哉言乎！舜有天下，選於眾，舉皋陶，不仁者遠矣；湯有天下，選於眾，舉伊尹，不仁者遠矣。」（12.22）
直	父為子隱，子為父隱	葉公語孔子曰：「吾黨有直躬者：其父攘羊，而子證之。」孔子曰：「吾黨之直者異於是。父為子隱，子為父隱，直在其中矣。」（13.18）
直	以直報怨	或曰：「以德報怨，何如？」子曰：「何以報德？以直報怨，以德報德。」（14.35）

直	古之愚也直	子曰：「古者民有三疾，今也或是之亡也。古之狂也肆，今之狂也蕩；古之矜也廉，今之矜也忿戾；古之愚也直，今之愚也詐而已矣。」（17.14）
直道	人之生也直	子曰：「人之生也直，罔之生也幸而免。」（6.19）
直道	三代之所以直道而行也	子曰：「吾之於人也，誰毀誰譽？如有所譽者，其有所試矣。斯民也，三代之所以直道而行也。」（15.25）
直者	惡訐以為直者	子貢曰：「君子亦有惡乎？」子曰：「有惡。惡稱人之惡者，惡居下流而訕上者，惡勇而無禮者，惡果敢而窒者。」曰：「賜也亦有惡乎？」「惡徼以為知者，惡不孫以為勇者，惡訐以為直者。」（17.22）
直者	舉直	哀公問曰：「何為則民服？」孔子對曰：「舉直錯諸枉，則民服；舉枉錯諸直，則民不服。」（2.19）
直者	史魚，如矢	子曰：「直哉史魚！邦有道，如矢；邦無道，如矢。君子哉蘧伯玉！邦有道，則仕；邦無道，則可卷而懷之。」（15.7）

直者	柳下惠直道而事人	柳下惠為士師，三黜。人曰：「子未可以去乎？」曰：「直道而事人，焉往而不三黜！枉道而事人，何必去父母之邦！」（18.2）
非直者	乞諸其鄰而與之	子曰：「孰謂微生高直？或乞醯焉，乞諸其鄰而與之。」（5.24）

第三節　成人、非中道者

一、成人、有恆者、言者

㈠成人（或成仁），知、不欲、勇、藝

成人之德包含知、不欲、勇、藝，再加上禮樂的陶冶，是集多項品德者。然孔子認為今之成人，是見利思義、見危受命、久要不忘平生之言，是義、勇、信。二者差距甚大，又後者近乎「士」的「見危致命，見得思義、殺身成仁、不辱君命」。亦可見成人之定義是隨環境而改變的。又從所舉之臧武仲、公綽、卞莊子、冉求等都是太夫，顯見仍是由「從政」而定位。

㈡有恆者，有恆心者

孔子未見善人得見有恆者，而善人是可以為邦、教民，百年可以勝殘去殺（無戰

事），七年可以即戎（上戰場），可見善人可以治國、從政但須百年、七年才有成就。善人有品德（能力）及長期從政才有所成，故而有恆者是能維持長期者，其首要誠實，不得「亡而為有，虛而為盈，約而為泰」之虛假、不實。

㈢言者，善於言語者

言有雅言、巧言、危言等，其中巧言乃太過（中庸）而亂德，故善言者未必是好品德。反之，君子欲訥（遲鈍）於言而慎於言，仁者其言也訒（鈍），以其知言語之後果因而慎言。

㈣成人、言者、有恆者之條文

表二十五：成人、言者、有恆者之條文

項目	重點	條文
成人	知、不欲、勇、藝、禮樂	子路問成人。子曰：「若臧武仲之知，公綽之不欲，卞莊子之勇，冉求之藝，文之以禮樂；亦可以為成人矣！」曰：「今之成人者何必然？見利思義，見危授命，久要不忘平生之言，亦可以為成人矣！」（14.12）

言者	不必有德	子曰：「有德者，必有言；有言者，不必有德。仁者，必有勇；勇者，不必有仁。」（14.4）
有恆者		子曰：「南人有言曰：『人而無恆，不可以作巫醫。』善夫！『不恆其德，或承之羞。』」子曰：「不占而已矣。」（13.22）
有恆者	亡而為有，虛而為盈，約而為泰	子曰：「聖人，吾不得而見之矣；得見君子者，斯可矣。」子曰：「善人，吾不得而見之矣；得見有恆者，斯可矣。亡而為有，虛而為盈，約而為泰，難乎有恆矣。」（7.26）

二、非中道者（狂者、狷者、矜者、愚者、不可共（言）者、鄙夫）

㈠狂者，耿直而有才

孔子謂「古之狂也肆，今之狂也蕩」，顯見狂者志高耿直而有才，但古者肆意而不拘小節，今者不好學而空盪無實學（好知不好學，其蔽也蕩）。孔子稱「吾黨之小子狂簡。」雖有大志氣，文采斐然（斐然成章）而不知所以剪裁。又有楚國狂者接輿經過孔子而歌，勸孔子避世後避不見面，表現出狂者耿直有才而避世的一面。

㈡狷者，自持高（自尊）而有所不為

孟子謂狷者為不屑不潔之士，朱子謂「狷者知不及而守有餘」，故狷者志氣、才學、膽識不及狂者，但能潔身自愛而有所不為。

㈢矜者，自持者

孔子謂古之矜者清廉（孤傲），氣高而不屑爭之；今之矜者氣忿暴戾，氣憤而好爭。矜者自持清高才學不足，要注意「忿思難」及學習君子的「矜而不爭」。

㈣愚者，愚笨者

古時愚者率直，今者奸詐。古者「真」，今者「假」，孔子感慨當時虛假的社會風氣。又要注意「好仁不好學，其蔽也愚」之失。

㈤不可共者，不可以分享者（心胸狹隘只有利益者）

可與共學（習），未可與從政（適道）；可與從政（適道），未可共有權位（與立）；可與共有權位（立），未可分享權勢（與權）。這是一條從政之路，由學（政）、從政（適道）、官位（與立）、權力（與權），一定會有自私為己者，排斥、打擊他人的心胸狹窄者。

㈥鄙夫，品德粗陋者

想要從政（事君），但是擔心（患）得不到，得到了，又擔心失去，而無所不為。品德低下者，只見事君（從政）之利益，而不擇手段的保護權位。

㈦狷者、狂者、矜者、愚者、不可共（言）者、鄙夫之條文

表二十六：非中道者之條文

項目	重點	條文
狂	斐然成章，不知所以裁之	子在陳曰：「歸與！歸與！吾黨之小子狂簡，斐然成章，不知所以裁之。」（5.22）
狂者狷者	狂者進取，狷者有所不為也	子曰：「不得中行而與之，必也狂狷乎！狂者進取，狷者有所不為也。」（13.21）
狂者矜者愚者	古肆，今蕩 古廉，今忿戾 古直，今詐	子曰：「古者民有三疾，今也或是之亡也。古之狂也肆，今之狂也蕩；古之矜也廉，今之矜也忿戾；古之愚也直，今之愚也詐而已矣。」（17.14） （肆：坊；蕩：空盪）
不可共者	不可共學、適道、與立、與權	子曰：「可與共學，未可與適道；可與適道，未可與立；可與立，未可與權。」（9.30）
鄙夫	患得之；患失之	子曰：「鄙夫！可與事君也與哉！其未得之也，患得之；既得之，患失之；苟患失之，無所不至矣！」（17.13）

第四節　不得而見及未見者

不得而見，乃期望有但實際上沒有者，故為不得而見者。如期有聖人、善人，但實際上沒有聖人、善人，概為理想人物而不可見。未見者，則可能只是未見到者。

一、不得而見者：聖人

孔子期望有但實際上沒有者，如聖人、善人。

㈠聖人之內涵

1.聖人，不得而見：孔子謂：「聖人，吾不得而見之矣；得見君子者，斯可矣」。表示孔子將聖人的地位列在君子之上，是《論語》中君子、善人、德者、仁者等最高級者。

2.聖人之定義，博施濟眾：孔子以「博施於民，而能濟眾」是「聖」（而堯舜尚且做不到），再由「施於民、濟眾」來看，是統治（管理）者施政，能對於百姓有所福祉，也就是「從政」的立場而言，故聖人之定位是由「從政」來定位。

3.孔子，聖：學生稱孔子為聖人，孔子謙稱「吾豈敢」，且由從政立場而言，孔子尚未能做到「安民」。但是子夏謂「君子之道，焉可誣也？有始有卒者，其惟聖人乎」，在學習成為君子的方法上，學習有始有卒者，只有聖人了。而孔子自稱「下學而上達」及「抑為之不厭，誨人不倦」，正是能「有始有卒」者；又孔子始終抱持著仁的理想，四處奔走宣達「仁政」的理念，亦可稱「有始有卒」者，所以孔子尚稱為「聖人」。

㈡聖人之條文

表二十七：聖人之條文

項目	重點	條文
聖人	不得而見之	子曰：「聖人，吾不得而見之矣；得見君子者，斯可矣。」子曰：「善人，吾不得而見之矣；得見有恆者，斯可矣。亡而為有，虛而為盈，約而為泰，難乎有恆矣。」（7.26）
聖（堯舜）	博施於民而能濟眾（堯舜其猶病諸）	子貢曰：「如有博施於民而能濟眾，何如？可謂仁乎？」子曰：「何事於仁！必也聖乎！堯舜其猶病諸！夫仁者，己欲立而立人，己欲達而達人。能近取譬，可謂仁之方也已。」（6.30）
聖（孔子）	天縱之將聖	大宰問於子貢曰：「夫子聖者與？何其多能也？」子貢曰：「固天縱之將聖，又多能也。」子聞之曰：「大宰知我乎？吾少也賤，故多能鄙事。君子多乎哉？不多也！」（9.6）

聖與仁	為之不厭，誨人不倦	子曰：「若聖與仁，則吾豈敢？抑為之不厭，誨人不倦，則可謂云爾已矣。」公西華曰：「正唯弟子不能學也。」（7.34）

二、不得而見者：善人

㈠善人之內涵

1. 善人，能士：「周有大賚，善人是富」，周有許多善人，是亂臣十人之能士；又善人七年可以及戎，百年可以勝殘去殺，故善人擅於政事，是在軍事方面，而非「齊之以禮」等正途治國，孔子亦「不得而見」。

2. 善人從政，即戎、勝殘去殺：善人七年可以即戎，為邦百年可以勝殘去殺。表示善人為政有所成就，可以使國力增加（武裝），七年可以教導民眾武裝（即戎），百年可以去除殘暴、殺吏（勝殘去殺）。

3. 善人，足兵：君子從政目的是要施行仁政，使百姓安居樂業，從政次序在足食、足兵、民信。善人可以即戎，可見達到足食、足兵，尚未民信，故此所謂善人「不踐跡，亦不入於室」。

㈡善人之條文

表二十八：善人之條文

項目	重點	條文
善人之道	不隨俗未成善	子張問善人之道。子曰：「不踐跡，亦不入於室。」（11.19）
善人	為邦百年，可以勝殘去殺	子曰：「『善人為邦百年，亦可以勝殘去殺矣。』誠哉是言也！」（13.11）
善人	教民七年可以即戎	子曰：「善人教民七年，亦可以即戎矣。」（13.29）參（子曰：「以不教民戰，是謂棄之。」（13.30））
善人	不得而見	子曰：「聖人，吾不得而見之矣；得見君子者，斯可矣。」子曰：「善人，吾不得而見之矣；得見有恆者，斯可矣。亡而為有，虛而為盈，約而為泰，難乎有恆矣。」（7.26）

三、未見者

孔子未見者，就是未見到該等人物。計有好仁者而惡不仁者、好德如好色者、剛者、能見其過而自訟者、隱居以求其志，行義以達其道等六者。

㈠未見者類別

1.好仁者而惡不仁者，行仁者：好仁者都是實踐仁德或仁政，又厭惡巧言、令色、足恭之不仁者，孔子當時未見仁者。又孔子所稱仁者有微子、箕子、比干、伯夷、叔齊、管仲等，六人都非當代人物。

2.好德如好色者，得而無所據：子曰「據於德」，有所得時要能有所根據，所以好德者要有所「據」，如見得思義。好色乃貪色、貪慾，並非有所根「據」，且至德是「能得而不得」，所以孔子未見「好德如好色者」，也是在譏諷當時「斗筲之人」（從政者）。

3.剛者，堅持無屈：剛是剛強而不屈，剛者能堅持信念（仁心、仁德）而不屈於外，故剛者少欲，又須好學以增其信念，以避免狂放之失（好剛不好學，其蔽也狂）。

4.能見其過而自訟者，自我判別者：能見其過乃能自省而判別，是指上位者（國君）要能自我反省，對於過失能自我評斷，故君子內省而九思。

5.隱居以求其志，行義以達其道：無道則隱，如隱者，有道則行，如君子，這是二種應世之道，故而孔子聞其語而未見。然孔子應世之道是「用之則行，不用則藏」，用之則行義，才是實踐者。

(二)未見者條文

表二十九：未見者條文

項目	條文
好仁者，惡不仁者	子曰：「我未見好仁者，惡不仁者。好仁者，無以尚之；惡不仁者，其為仁矣，不使不仁者加乎其身。有能一日用其力於仁矣乎？我未見力不足者。蓋有之矣，我未之見也。」（4.6）
好德如好色者	子曰：「吾未見好德如好色者也。」（9.18）
剛者	子曰：「吾未見剛者。」或對曰：「申棖。」子曰：「棖也欲，焉得剛？」（5.11）
見其過而內自訟者	曰：「已矣乎！吾未見能見其過而內自訟者也。」（5.27）
隱居以求其志，行義以達其道	孔子曰：「見善如不及，見不善而探湯；吾見其人矣，吾聞其語矣！隱居以求其志，行義以達其道；吾聞其語矣，未見其人也！」（16.11）

第五章　禮與學

禮施行於人的一生，在個人、家庭、社會、國家之都要以禮行事；學是孔子教學的重點。禮與學貫穿整個《論語》，也是《論語》中的重頭戲。

第一節　禮

「禮后乎？」禮如「繪事后素」之素色，最後用素色線條來勾勒繪畫之五采，增添文采。禮也是後天的學習，能維護、增添各項品德之美。所以禮之行，外在「和」，內在「安」。禮行之於君子、士、國君、臣子等個人之間，及家庭、社會、國家等團體之間，建立或維持相互間的規範（和）。行禮是要使個人內心安定，也就是使個人依規矩發揮愛、忠、敬等仁心，再由仁心行於外之仁德，再將仁德行於政治之仁政，所以禮是《論語》孔子理論中不可缺少的一環。

一、禮之意義

㈠禮之傳承：夏禮傳到殷商，殷禮傳到周朝

對於夏、殷商的禮（儀式）傳承中會有損益，由此，也可以往而推知後續的三百年之禮。又禮樂本應出自天子，但是有時出自諸侯，又有時出自大夫、陪臣，這是因為政治混亂，諸侯、大夫、陪臣奪取天子之道統，禮樂也就混亂了。又諸侯維持十世、大夫維持五世、陪臣維持三世，流失的速度也就更快了。

㈡禮之範圍：家庭、社會、國家

國君對待臣子以禮，君子與臣子在朝廷之禮，事奉父母以禮，祭祀以禮（祭鬼神）、守喪三年之禮等。禮用於家庭、社會、國家，用於父母與子女、兄弟、國君與臣子等，用於人與人、人與鬼神（含祖先）之間。以禮維持家庭、社會、國家中各種關係之融和。

㈢禮之儀式：依其名分而定

天子、諸侯之禮是不同的，要依名分行禮。但禮也會變更，如服裝會依時間而改變，但是孔子認為外在儀式應該儘量不要改變，如父母三年喪、告朔之餼羊等，一定的儀式不要隨意改變。

㈣禮之內在：儉戚

禮之祭祀寧儉，避免浮華之失；居喪寧戚，避免簡單或過於治辦之失；又君臣先在堂下相拜，到堂上再拜，避免直接到堂上之驕泰。該等避免內心之浮華、內心之不哀、內心之驕簡，都是說明內心的感受。故禮是講求內心的感受。

(五)禮之條文

表三十：禮之條文

項目	重點	條文
禮	告朔之餼羊	子貢欲去告朔之餼羊。子曰：「賜也！爾愛其羊，我愛其禮。」（3.17）
禮	麻冕（儉） 拜下（禮）	麻冕，禮也，今也純，儉，吾從眾。拜下，禮也，今拜乎上，泰也。雖違眾，吾從下。（9.3）
孝	生，事之禮 死，葬之禮 祭，以禮	孟懿子問孝。子曰：「無違。」樊遲御，子告之曰：「孟孫問孝於我，我對曰，『無違。』」樊遲曰：「何謂也？」子曰：「生，事之以禮；死，葬之以禮，祭之以禮。」（2.5）
守喪之禮	三年	宰我問：「三年之喪期已久矣！君子三年不為禮，禮必壞；三年不為樂，樂必崩。舊穀既沒，新穀既升；鑽燧改火，期可已矣。」子曰：「食夫稻，衣夫錦，於女安乎？」曰：「安！」「女安，則為之！夫君子之居喪，食旨不甘，聞樂不樂，居處不安，故不為也。

		今女安，則為之！」宰我出。子曰：「予之不仁也！子生三年，然後免於父母之懷。夫三年之喪，天下之通喪也；予也，有三年之愛於其父母乎？」（17.19）
禮	為禮要敬，喪要哀	子曰：「居上不寬，為禮不敬，臨喪不哀，吾何以觀之哉？」（3.26）
禮之傳承	夏、商、周傳承，禮有損益	子張問：「十世可知也？」子曰：「殷因於夏禮，所損益，可知也；周因於殷禮，所損益，可知也。其或繼周者，雖百世，可知也。」（2.23）
禮之傳承	由文獻	子曰：「夏禮，吾能言之，杞不足徵也；殷禮，吾能言之，宋不足徵也。文獻不足故也。足，則吾能徵之矣。」（3.9）
禮樂傳承	天子、諸侯（十世）、大夫（五世）、陪臣（三世）	孔子曰：「天下有道，則禮樂征伐自天子出；天下無道，則禮樂征伐自諸侯出；自諸侯出，蓋十世希不失矣；自大夫出，五世希不失矣；陪臣執國命，三世希不失矣。天下有道，則政不在大夫；天下有道，則庶人不議。」（16.2）

二、禮之本

(一)孔子說禮之本是「大哉問」

祭祀時寧儉勿奢，喪禮寧戚勿易，都講求內心的感受。又孔子對於宰我要將三年之喪期改為一年，而謂「女安，則為之」，也是以內心感受為重點。

(二)仁是「克己復禮」

仁是克制約束個人私慾，由非禮勿視、言、聽、動等來間隔私慾，以禮制（儀）來實踐仁政，對國君而言，「上好禮，民莫敢不敬、民易使」；對個人而言，言行能合乎禮制即是仁德，如與人忠、朋友信等，故顏淵「請事斯語」，乃是由禮而進入行「仁」。

(三)不仁，如禮何

禮，在家行孝、慈、弟、恭、戚、哀，在社會行信、敬、忠，在國家，對上行忠，對下行恕、寬、惠，在行事要敏、泰、威。該等內在的仁心與外在的仁德都要以禮行之。而禮之內在是仁心，如沒有對父母之愛心則無法行孝，故沒有仁心則無法行仁德（信、忠等），亦無法做到「安」，故「不仁，如禮何」。

(四)禮之本是仁心

有子謂「孝弟也者，其為仁之本與」，仁是家庭內之孝弟，到社會之信（朋友），再到國家之忠恕（君君、臣臣），而父子、夫婦、兄弟、朋友、君臣之間都由禮來規範，故禮之外在作用在和，而其內在是「人、愛、忠、恕」等仁心。

㈤禮之本條文

表三十一：禮之本條文

項　目	重　點	條　文
禮之本	禮寧儉 喪寧戚	林放問禮之本。子曰：「大哉問！禮，與其奢也，寧儉；喪，與其易也，寧戚。」（3.4）
仁	克己復禮	顏淵問仁。子曰：「克己復禮，為仁。一日克己復禮，天下歸仁焉。為仁由己，而由人乎哉？」顏淵曰：「請問其目？」子曰：「非禮勿視，非禮勿聽，非禮勿言，非禮勿動。」顏淵曰：「回雖不敏，請事斯語矣！」（12.1）
不仁	如禮樂何	子曰：「人而不仁，如禮何？人而不仁，如樂何？」（3.3）
禮	非玉帛	子曰：「禮云禮云！玉帛云乎哉！樂云樂云！鐘鼓云乎哉！」（17.9）

三、禮之功能

㈠禮之用，和為貴

行禮是維持序的「和諧」，在家、社會、國家等大小事都依禮行事，相互間才會和諧、順利，如九合諸侯乃國與國之禮，能不以武力，維持天下安和，孔子稱其仁。

(二)禮，立也

禮是人與人之間的儀式、規矩、規範，使個人能夠「立身處世」，使個人能與他人相處於家庭、社會、國家。又君子行之以禮，國君以禮對臣，富而好禮等都表示君子、國君、富人等都要依禮來「立身」，甚而「己立立人」之移風易俗。

(三)禮，約也

相對的，禮也是「約束」個人的行為，達到克制的效果，故孔子回答克己復禮之目，謂：「非禮勿視，非禮勿聽，非禮勿言，非禮勿動」，約束自我對於不合典範（禮）的，不要看、聽、說、作為，如君子厭惡「訕上」者等。

(四)禮與學，學禮以立

禮是人與人相處之道，然孔子謂「不學禮，無以立」，表示禮是需要學習而來的。外在儀式的禮要經過學習，故孔子入大廟而「每事問」，及內在的感受則需要由仁而生，都是需要經過教導、學習而來。

(五)禮與恭，遠恥辱

恭而無禮則勞，恭而近於禮則遠恥辱，恭而有禮則四海皆兄弟。無禮、近乎禮、有禮而得到三種不同的反應。無禮則勞煩，無謙恭之效果；較合乎禮，不會招引他人的侮辱；依禮則得到如兄弟之認同。亦可看到立身處世之「立」。又沒有禮的規矩下，慎無禮則畏縮（葸）；勇無禮則亂；直無禮則傷人（絞），更顯見無禮則不立。

㈥禮與敬，行禮時內心要有敬意

敬就是尊敬，是內心之敬意，行禮時內心要有敬意，外表更顯莊重。所以對於百姓要「臨之以莊」，百姓自然尊敬大臣。故敬是個人內在之仁心，故禮之本在人心之敬。

㈦禮與問，孔子入太廟，每事問

或謂，孔子能虛心求教，而這種求知、求真的態度就是禮。或謂，由於陳列於太廟的禮器都屬僭禮，故以反問方法指出其疑點，反而被質疑其不知禮。可見他人未能明白孔子之用心，而懷疑「每事問」不合乎禮。

㈧禮功能之條文

表三十二：禮功能之條文

項目	重點	條文
禮之用	和為貴	有子曰：「禮之用，和為貴。先王之道，斯為美，小大由之。有所不行，知和而和，不以禮節之，亦不可行也。」（1.12）

禮	不學禮，無以立	陳亢問於伯魚曰：「子亦有異聞乎？」對曰：「未也。嘗獨立，鯉趨而過庭。曰：『學詩乎？』對曰：『未也。』『不學詩，無以言！』鯉退而學詩。他日，又獨立，鯉趨而過庭。曰：『學禮乎？』對曰：『未也。』『不學禮，無以立！』鯉退而學禮。聞斯二者。」陳亢退而喜曰：「問一得三：聞詩，聞禮。又聞君子遠其子也。」（16.13）
禮	不知禮無以立	子曰：「不知命，無以為君子也。不知禮，無以立也。不知言，無以知人也。」（20.3）
禮	立於禮	子曰：「興於詩。立於禮。成於樂。」（8.8）
禮	約之以禮	子曰：「君子博學於文，約之以禮，亦可以弗畔矣夫！」（6.27）
禮、恭	恭近於禮，近禮遠恥辱	有子曰：「信近於義，言可復也。恭近於禮，遠恥辱也。因不失其親，亦可宗也。」（1.13）
禮、恭	恭而有禮，四海皆兄弟	司馬牛憂曰：「人皆有兄弟，我獨亡！」子夏曰：「商聞之矣：『死生有命，富貴在天』。君子敬而無失，與人恭而有禮；四海之內，皆兄弟也。君子何患乎無兄弟也？」（12.5）

禮、敬	為禮不敬	子曰：「居上不寬，為禮不敬，臨喪不哀，吾何以觀之哉？」（3.26）
無禮	恭而無禮則勞 慎而無禮則葸 勇而無禮則亂 直而無禮則絞	子曰：「恭而無禮則勞，慎而無禮則葸，勇而無禮則亂，直而無禮則絞。君子篤於親，則民興於仁。故舊不遺，則民不偷。」（8.2）
禮、勇	惡勇而無禮	子貢曰：「君子亦有惡乎？」子曰：「有惡。惡稱人之惡者，惡居下流而訕上者，惡勇而無禮者，惡果敢而窒者。」曰：「賜也亦有惡乎？」「惡徼以為知者，惡不孫以為勇者，惡訐以為直者。」（17.22）
禮、學	每事問是禮	子入大廟，每事問。或曰：「孰謂鄹人之子知禮乎？入大廟，每事問。」子聞之，曰：「是禮也。」（3.15）

四、為政之禮

㈠君臣之禮，君使臣以禮，事君盡禮

固然，君臣有上下之分，但禮各有約束、節制，孔子回答魯定公之重點在以「禮」使臣。又孔子「事君盡禮」，對魯國君行以詳盡的禮數，卻遭到世人譏諷有些諂媚。凸顯下

對上很難掌握行禮之德（中庸）及禮節的重要性。

㈡上好禮，民莫敢不敬、民易使

上行下效是一定的定律。國君喜好禮節，就會以禮對待臣子，對待百姓能「道之以德，齊（規範）之以禮」，百姓就會有羞恥心（恥）及行為有規矩（格），如是，對國君沒有不尊敬，也容易聽從指揮。所以上好禮則外和內敬而民治，達到禮之用、禮之本。

㈢以禮讓為國，國君要以禮、讓治國

以讓治國，孔子稱泰伯之三讓天下是「至德」，泰伯能夠讓君位、讓天下，讓給賢者而使天下太平，故稱謙讓之德；又孔子亟力推崇堯舜，能有天下而不與焉。又舜有五臣，而天下治。及堯舜以禪讓天下。都是讓天下與賢者，或讓政治與賢者，而使天下治，成為以讓治國的典範。

㈣為政之禮之條文

表三十三：為政之禮之條文

項目	重點	條文
君	君使臣以禮	定公問：「君使臣，臣事君，如之何？」孔子對曰：「君使臣以禮，臣事君以忠。」（3.19）

事君	事君盡禮	子曰：「事君盡禮，人以為諂也。」（3.18）
上	上好禮，民易使	子曰：「上好禮，則民易使也。」（14.42）
上	上好禮，民莫敢不服	樊遲請學稼，子曰：「吾不如老農。」請學為圃，曰：「吾不如老圃。」樊遲出，子曰：「小人哉，樊須也！上好禮，則民莫敢不敬；上好義，則民莫敢不服；上好信，則民莫敢不用情。夫如是，則四方之民襁負其子而至矣，焉用稼？」（13.4）
齊（規範）	齊之以禮	子曰：「道之以政，齊之以刑，民免而無恥；道之以德，齊之以禮，有恥且格。」（2.3）
為政	名⬇言⬇事⬇禮樂⬇刑罰⬇措手足（禮之用在和）	子路曰：「衛君待子而為政，子將奚先？」子曰：「必也正名乎！」子路曰：「有是哉？子之迂也！奚其正？」子曰：「野哉，由也！君子於其所不知，蓋闕如也。名不正，則言不順；言不順，則事不成；事不成，則禮樂不興；禮樂不興，則刑罰不中；刑罰不中，則民無所措手足。故君子名之必可言也，言之必可行也。君子於其言，無所苟而已矣！」（13.3）

讓國

以禮（禪）讓國

子曰：「能以禮讓為國乎，何有！不能以禮讓為國，如禮何！」（4.13）

五、禮之於人（君子、富人、成人、學生、子孫、知者）

㈠君子，以禮行之

君子約之以禮，依禮行事，所以君子正衣冠、動容貌、正顏色、出辭氣、訥於言、言思忠、貌思恭、事思敬等，都是以禮行之。

㈡富人，富而好禮

富則財大氣粗，顏色舉止容易有優越感而驕，如能「不驕」尚屬難能，但非仁心。「好禮」則內有仁心（禮之本），外則依禮行事，能達外和之作用。

㈢成人，要有智、廉、勇、藝，文之以禮樂

要有智、廉、勇、藝，再加上行之以禮，陶冶以樂，才能達到成人的標準。另「今之成人者，見利思義，見危授命，久要不忘平生之言」，應是殺身成仁之士。

㈣學生，博之以文，約之以禮

孔子教導學生循循然善誘，博之以文，約之以禮，以文學來充實學生的知識，以禮節來約束學生，所以四科之德行、言語、政事、文學，都要約之以禮。

㈤子孫，依禮行孝道

在尊親活者時，事奉以禮；死之後，葬之以禮；對先人之祭，也是依禮，禮是生活中的行為規範。

㈥知者，識人、識言

對於可與言而未與言，乃不識其人而未言，故失人；對於不可與言者而與之言，乃不識其人而言，故失言。失人、失言都是不識人之失，當然不合乎禮之規範。

㈦各對象行禮之條文

表三十四：各對象行禮之條文

項目	重點	條文
君子	禮以行之	子曰：「君子義以為質，禮以行之，孫以出之，信以成之；君子哉！」（15.18）
君子	約之以禮規範	子曰：「君子博學於文，約之以禮，亦可以弗畔矣夫！」（6.27）
君子	禮用於利身於世（處事）	子曰：「不知命，無以為君子也。不知禮，無以立也。不知言，無以知人也。」（20.3）

富人	富而好禮	子貢曰：「貧而無諂，富而無驕，何如？」子曰：「可也；未若貧而樂，富而好禮者也。」子貢曰：「詩云：『如切如磋，如琢如磨』，其斯之謂與？」子曰：「賜也，始可與言詩已矣，告諸往而知來者。」（1.15）
成人	文之以禮樂	子路問成人。子曰：「若臧武仲之知，公綽之不欲，卞莊子之勇，冉求之藝，文之以禮樂；亦可以為成人矣！」曰：「今之成人者，何必然？見利思義，見危授命，久要不忘平生之言，亦可以為成人矣！」（14.12）
學生	約我以禮（規範）	顏淵喟然歎曰：「仰之彌高，鑽之彌堅，瞻之在前，忽焉在後。夫子循循然善誘人：博我以文，約我以禮。欲罷不能，既竭吾才，如有所立，卓爾；雖欲從之，末由也已！」（9.11）
學生	禮用於立身於世（處事）	陳亢問於伯魚曰：「子亦有異聞乎？」對曰：「未也。嘗獨立，鯉趨而過庭。曰：『學詩乎？』對曰：『未也。』『不學詩，無以言！』鯉退而學詩。他日，又獨立，鯉趨而過庭。曰：『學禮乎？』對曰：『未也。』『不學禮，無以立！』鯉退而學禮。聞斯二者。」陳亢退而喜曰：「問一得三：聞詩，聞禮。又聞君子遠其子也。」（16.13）

子孫	以禮行孝 生事、死葬祭	孟懿子問孝。子曰：「無違。」樊遲御，子告之曰：「孟孫問孝於我，我對曰，『無違。』」樊遲曰：「何謂也？」子曰：「生，事之以禮；死，葬之以禮，祭之以禮。」（2.5）
知者	不失人、不失言（禮）	子曰：「可與言，而不與之言，失人；不可與言，而與之言，失言。知者不失人，亦不失言。」（15.8）

第二節　學

孔子被稱為至聖先師，由《論語》中對於「學」的論述，可以瞭解孔子如何謂「師」的地位。戰國時期，貴族統治階層管理百姓，而貴族才可以讀書、學習，孔子開啟私人興學，也開啟了知識之門。

一、學之目的

(一)學習之目的及重要

1.仕，學而優則仕：學而優則仕，學祿在其中，很明白的告知學習的目標就是從政；又三年學不至於官位（穀），不易得，也表示「學」就是要「從政」。戰國時期，權力由天子、諸侯、大夫、家臣而旁落直下，原來只有貴族才能學的世襲制度，孔子私人興學，打破原本只有貴族讀書（學）的制度，而當時學仍是以「仕」的環境。

2.學《詩》，事君、應對、施於政：學《詩》，遠之事君，學詩可以事（奉）國君，出使他國可以應對、通達後施於政，都是學《詩》的運用之處。

3.不好學之失，仁變愚、知變蕩、信變賊、直變絞、勇變亂、剛變狂：孔子主張中庸之道（德），對於過與不及都會產生反效果，因而更加重視增加智慧的學習。好仁（愛心）不好學則愚（笨），好知（知人）不好學則蕩（放蕩），好信（信用）不好學則賊（傷害），好直（正直）不好學則絞（急切）（直而無禮則絞），好勇（勇敢）不好學則亂（違法）（勇而無禮則亂），好剛（剛正）不好學則狂（狂妄）。

(二)學習目的方法之條文

表三十五：學習目的方法之條文

項目	重點	條文
仕	學而優則仕	子夏曰：「仕而優則學；學而優則仕。」（19.13）
祿	學也祿在其中	子曰：「君子謀道不謀食；耕也，餒在其中矣；學也，祿在其中矣。君子憂道不憂貧。」（15.32）

穀	三年學不至於穀，不易	子曰：「三年學，不至於穀，不易得也。」（8.12）
學干祿	言寡尤，行寡悔	子張學干祿。子曰：「多聞闕疑，慎言其餘，則寡尤。多見闕殆，慎行其餘，則寡悔。言寡尤，行寡悔，祿在其中矣。」（2.18）
事君	學《詩》，遠之事君	子曰：「小子！何莫學夫詩？詩，可以興，可以觀，可以群，可以怨；邇之事父，遠之事君；多識於鳥、獸、草、木之名。」子謂伯魚曰：「女為周南、召南矣乎？人而不為周南、召南，其猶正牆面而立也與？」（17.8）
誦《詩》	政、專對	子曰：「誦詩三百；授之以政，不達；使於四方，不能專對；雖多，亦奚以為？」（13.5）
不學	好仁不好學，愚 好知不好學，蕩 好信不好學，賊 好直不好學，絞 好勇不好學，亂 好剛不好學，狂	子曰：「由也，女聞六言六蔽矣乎？」對曰：「未也。」「居！吾語女：好仁不好學，其蔽也愚；好知不好學，其蔽也蕩；好信不好學，其蔽也賊；好直不好學，其蔽也絞；好勇不好學，其蔽也亂；好剛不好學，其蔽也狂。」（17.7）

二、教育（學習）原則

(一)教育（學習）原則之意義

1.有教無類：戰國時期的受教權僅限於貴族，而孔子的「有教無類」打破了當時的受教權，帶動參政權，引發平民、富貴階層的流動。所以「有教無類」就是「生而平等」，任何人只要願意學，就可以從政成聖賢，也就是孟子所謂的「有為者亦若是」。

2.性相近習相遠：孔子認為人的本性是相近的，但是因為學習的不同而差距越大。如每個人對父母都有孝心（性相近），但是因為後天學習的環境、動機、資質不同，本性（價值觀）受到善、惡的影響而差距越遠。但是對於資質的上智、下愚是不會受到影響而改變的。另，性相近，也表示每個人的本性都是近乎平等的，所以外在的環境是「有為者」可以改變的。

3.資質區分：孔子依資質區分為上、中、下等（非本性），須依其資質而教，如中人以下，不可以語上也；又依學區分為四種層級，不學而知的生而知、學而知、困而學、困而不學等，由不必學到不願學，也都是以學習的動機（主動性）來區隔。而孔子自認非生而知者，乃敏學而知者，又不恥下問而無常師，乃能學到大道者（子貢賢者識其大）。

(二)教育（學習）原則之條文

表三十六：教育（學習）原則之條文

項目	重點	條文
教	有教無類	子曰：「有教無類。」（15.39）
學	性相近，習相遠	子曰：「性相近也，習相遠也。」（17.2）
移	上知與下愚，不移	子曰：「唯上知與下愚，不移。」（17.2）
誨	自行束脩、未嘗無誨	子曰：「自行束脩以上，吾未嘗無誨焉。」（7.7）
語	中人以上可語上 中人以下不可語上	子曰：「中人以上，可以語上也；中人以下，不可以語上也。」（6.21）
知	生而知之者，上也 學而知之者，次也 困而學之，又其次也 困而不學，民斯為下	孔子曰：「生而知之者，上也；學而知之者，次也；困而學之，又其次也。困而不學，民斯為下矣！」（16.9）
知	（孔子）非生而知之，好古且敏於學	子曰：「我非生而知之者，好古，敏以求之者也。」（7.20）

學

賢者識其大
不賢識其小

衛公孫朝問於子貢曰：「仲尼焉學？」子貢曰：「文武之道，未墜於地，在人。賢者識其大者，不賢者識其小者，莫不有文武之道焉。夫子焉不學，而亦何常師之有！」（19.22）

三、學之內容（方向）

㈠洒掃、應對、進退

子夏教導年輕的學生「洒掃、應對、進退」，雖遭到子游譏諷恐忽略君子之大道，但子夏認為要視弟子資質循序漸進，二人先後不一，但「洒掃、應對、進退」由動四體、學言語、習禮節，這種生活即學習的方法被後世儒家所肯定。（杜威：教育即生活）

㈡孔子教學生「文，行，忠，信」

文是典籍遺文，行是德行，忠是忠誠，信是信用。典籍遺文是充實個人學識，德行是符合品德規範之言行，忠誠是事君及為人謀之忠，信用是朋友之間及建立信用之「先信後勞」，所以孔子教導「文、行、忠、信」都是為了從政所需的學習與訓練。子路認為可以直接在治民、社稷中學習，「何必讀書，然後為學」，孔子嚴厲的回答「是故惡夫佞者」，子路所學的是「技巧」（小道），孔子所要學的是仁德而後仁政的大道，故而孔子以「文，行，忠，信」教學生。

㈢學《詩》，事奉父、君

學《詩》可以激發志氣、觀察人及事物、知道合群、紓解怨氣，可以言語。學《詩》所得技巧、知識、志氣等，近可以事奉父母，遠可以事奉國君。《詩經》包含了政事、德行、言語，是孔門一項重要之學。

㈣《詩》，達

《詩》稱之「無邪」，都是真情流露的作品。孔子提出《詩經》中〈關雎〉是「樂而不淫，哀而不傷」的愛情；〈周南〉、〈召南〉是必須學習的夫婦之道。《詩經》的內容豐富，可以從讀《詩經》中學習到，而且貴在要能通達這些道理予以致用。

㈤游於藝，禮、樂、射、御、書、數

游學之六藝，禮節、音樂、射箭、御馬、書法、算數，屬於娛樂、技術、性情、待人接物等方面，亦稱小六藝。六藝是孔子教學條目之一，先立志願於從政之道（志於道），行為據於品德（據於德），依存於仁心（依於仁），游學於六藝（游於藝）。

㈥學之內容條文

表三十七：學之內容條文

項目	重點	條文
游（學習）	六藝（禮樂射御書數）	子曰：「志於道，據於德，依於仁，游於藝。」（7.6）
四教	文，行，忠，信	子以四教：文，行，忠，信。（7.25）（四科：德行、言語、政事、文學）
傳	洒掃，應對，進退	子游曰：「子夏之門人小子，當洒掃，應對，進退，則可矣。抑末也；本之則無，如之何？」子夏聞之曰：「噫！言游過矣！君子之道，孰先傳焉？孰後倦焉？譬諸草木，區以別矣。君子之道，焉可誣也？有始有卒者，其惟聖人乎！」（19.12）
學詩	興、觀、群、怨 事父、事君	子曰：「小子！何莫學夫詩？詩，可以興，可以觀，可以群，可以怨；邇之事父，遠之事君；多識於鳥、獸、草、木之名。」子謂伯魚曰：「女為周南、召南矣乎？人而不為周南、召南，其猶正牆面而立也與？」（17.8）

學《詩》	言	陳亢問於伯魚曰：「子亦有異聞乎？」對曰：「未也。嘗獨立，鯉趨而過庭。曰：『學詩乎？』對曰：『未也。』『不學詩，無以言！』鯉退而學詩。他日，又獨立，鯉趨而過庭。曰：『學禮乎？』對曰：『未也。』『不學禮，無以立！』鯉退而學禮。聞斯二者。」陳亢退而喜曰：「問一得三：聞詩，聞禮。又聞君子遠其子也。」（16.13）
《詩》	興於《詩》	子曰：「興於詩。立於禮。成於樂。」（8.8）
《詩》	思無邪	子曰：「詩三百，一言以蔽之，曰：『思無邪』。」（2.2）
學	何必讀書，然後為學	子路使子羔為費宰。子曰：「賊夫人之子！」子路曰：「有民人焉！有社稷焉，何必讀書，然後為學？」子曰：「是故惡夫佞者。」（11.23）

四、學之態度

㈠學習之態度

1. 學習求知的態度，知之為知之：學習態度要誠實，知道的就說知道，不知道的就說不知道，就是求知的態度（知之為知之）。誠實的面對自己才是求知的第一步，誠實才能認清瞭解自我，才能面對問題努力解決。

2.學習在我，吾止也：孔子舉出堆土而只差一簣成山而止，或倒一簣之土於平地，要繼續倒土成山，都是自己要停止或繼續。意指可以立刻完成卻功虧一簣，或前途遙遙卻堅持不懈，都是操之在我。學習也操之在我，要堅持、專心、自強。

3.好學，不恥下問：要能勤快敏捷的學，且上位向下位、年長向年幼去請教。意指問乃請教於有學問、專心於學問者，不必在乎顏面，故友多聞為益友，三人行必有我師焉。

4.好學，日知其所亡，月無忘其所能：子夏認為好學，就是每天要能知道所不知者，每月要能不忘記所知者。能知道所不知者，就是要去學習；能夠不忘記所知者，就是要溫故，故知新、溫故乃好學。也就是孔子所謂「學如不及」的態度。

5.學習的層次，知、好、樂：知是學而知，好是喜學而喜知，樂是樂學而樂知，學習由被動、主動到完全投入、欲罷不能的三種層次。有所得而言，知是有得，好是篤得，樂是渾然忘得。

㈡學習態度之條文

表三十八：學習態度之條文

項目	重點	條文
知	知之為知之	子曰：「由！誨女知之乎！知之為知之，不知為不知，是知也。」（2.17）
學習	吾止，吾往	子曰：「譬如為山，未成一簣；止，吾止也！譬如平地，雖覆一簣；進，吾往也！」（9.19）
學	學如不及恐失	子曰：「學如不及，猶恐失之。」（8.17）
問	敏而好學 不恥下問	子貢問曰：「孔文子何以謂之文也？」子曰：「敏而好學，不恥下問，是以謂之文也。」（5.15）
好學	日知其所亡 月無忘其所能	子夏曰：「日知其所亡，月無忘其所能，可謂好學也已矣！」（19.5）亡：所不知者
知	知、好、樂	子曰：「知之者不如好之者，好之者不如樂之者。」（6.20）

五、學之方法

㈠學習的方法

1.學之目的，用：孔子曾說「頌詩三百，授之以政，不達。使於四方，不能專對，雖多，亦奚以為」，讀《詩》不在多而在能用，將所學通達而能獨立應對，即學習之目的。

2.學要思、用思要學，二者相輔相成：學習時要會思考，否則會迷惘，不知道學習的重點，不能達到舉一反三的效應；只思考而不學習就會空想而危險，個人的「思（量）」有其限制，需要由學習中獲得具體有效的結果。

3.學習要溫故：學習要能（復）溫習，溫習已經學習過的（故），就會啟發而瞭解新的知識，並且溫習就是「思」的方法之一，才會溫故而知新。

4.要能問「怎麼辦（如之何）」：學習或遇到問題時，要能問怎麼辦？能問才會去思考問題之所在，自我詢問（思考）如何解決問題，所以孔子說：不問「如之何」者他也沒有辦法了。

5.要用心：孔子說，飽食終日而不用心思者，真是很難去教誨了，甚至不如去賭博者。不用心思者，不願意去思考、學習，沒有自己的主見，很容易隨波逐流或放棄自我，真是難矣哉！

6.孔子教導的時機，學生不憤不啟，不悱不發，不舉一反三則不復：學生自己想求瞭解或想表達卻不行時，才會啟發或開導他；舉示一項而不能舉出另外三項時，就不再教導了。學生要能主動學習而去思考、表達，開導後，仍然要持續的思、想，去舉出相類似的案例。顯見孔子重視思。

7.孔子教導的方法，叩其兩端：就學生所疑問而引導，提示問題的正面或反面、個人或對方、行事或道理，來相互激發或起疑，引導他對問題的再思量。主要使學生主動思考，由問題來使他開悟通曉。

8.案例一：子夏問古人所繪畫的美貌、明亮的眼睛，是用什麼來凸顯美麗？孔子回答畫完彩繪後再用素粉畫邊。子夏由畫之次序（詩），而思量聯想到「禮」也是最後者，獲得孔子嘉許，並說可以言《詩》了。禮是裝飾、規範人的典範（人事），也是後來學習教導的，禮也是要表現忠、孝等仁心、仁德。也是孔門四教的最佳案例。

9.案例二：子貢所問經孔子引導的過程，所問「貧而無諂」回答「貧而樂道」、所問「富而無驕」回答「富而好禮」。貧乃逆境，居逆境無求而無諂已難，然再到樂道更難，故孔子每每推許顏淵之安貧樂道。富乃居順境，居順境無小大、無寡眾、無敢慢者已難，然再能到與眾人致和及安心之「好禮」更難。從無諂到樂道、無驕到好禮的過程，使子貢聯想到《詩經》「如切如磋，如琢如磨」，表示人如玉的切磋琢磨，孔子才謂「告諸往而知來」能夠舉一反三，夠資格談論《詩經》了。

㈡學思方法之條文

表三十九：學思方法之條文

項　目	重　點	條　文
學思	學而不思則罔 思而不學則殆	子曰：「學而不思則罔，思而不學則殆。」（2.15）
溫故	溫故而知新	子曰：「溫故而知新，可以為師矣。」（2.11）
疑（懷疑）	有懷疑心 （如之何，如之何）	子曰：「不曰：『如之何，如之何』者，吾末如之何也已矣？」（15.16）
用心	無所用心	子曰：「飽食終日，無所用心，難矣哉！不有博弈者乎？為之猶賢乎已！」（17.20）
舉一反三	不憤不啟，不悱不發 （舉一反三）	子曰：「不憤不啟，不悱不發。舉一隅不以三隅反，則不復也。」（7.8）
叩其兩端	由其所知而發問 （要其思）	子曰：「吾有知乎哉？無知也。有鄙夫問於我，空空如也；我叩其兩端而竭焉。」（9.8）
起予者	思⬇舉一反三	子夏問曰：「巧笑倩兮，美目盼兮，素以為絢兮。何為也？」子曰：「繪事后素。」曰：「禮后乎？」子曰：「起予者商也！始可與言詩矣。」（3.8）

子貢曰：「貧而無諂，富而無驕，何如？」子曰：「可也；未若貧而樂道，富而好禮者也。」子貢曰：「詩云：『如切如磋，如琢如磨』，其斯之謂與？」子曰：「賜也，始可與言詩已矣，告諸往而知來者。」（1.15）	思（發問）後才再教	告諸往而知來者

㈢因材施教

孔子會因學生的資質不同而分別使用不同的教導方法。

1.同一問題回答子路、冉有答案不同：對於「聞斯行諸」的回答，子路是「有父兄在」，回答冉有是「聞斯行之」，孔子解釋「求也退，故進之；由也兼人，故退之」。

2.樊遲問仁三次：樊遲問仁三次孔子回答三次，分別為「仁者先難而後獲」、「愛人」、「居處恭，執事敬，與人忠」，三次回答不同。然是「敏」於事、「愛人」、「恭、敬、忠」，都是以個人外在之行為來回答樊遲。又二次回答樊遲問「知」是「務民之義，敬鬼神而遠之」、「舉直錯諸枉，能使枉者直」，分別以從政、為政的立場來說明，來提示樊遲。

3.見或不見都是教導：孔子見互鄉的童子是要「與其進也」；又孺悲欲見孔子，孔子以病推辭（辭以疾），然在傳命者走出戶時，取瑟而歌，使之聞之。有意讓其知道不見。

4. 隨機教育：孔子與學生子路、曾皙、冉有、公西華在一起時，就以「如果有知遇之機會，如何施展抱負（如或知爾，則何以哉）」，誘導學生們抒發抱負。又在學生顏淵、季路侍立在旁時，孔子要他們「盍各言爾志」，說出個人之願望。

㈣因材施教之條文

表四十：因材施教之條文

項目	重點	條文
子路、冉有（答案差別）	求也退，故進之；由也兼人，故退之	子路問：「聞斯行諸？」子曰：「有父兄在，如之何其聞斯行之！」冉有問：「聞斯行諸？」子曰：「聞斯行之！」公西華曰：「由也問『聞斯行諸』，子曰：『有父兄在』；求也問，『聞斯行諸？』子曰：『聞斯行之』。赤也惑，敢問？」子曰：「求也退，故進之；由也兼人，故退之。」（11.20）
孺悲（隨機應對）	使孺悲知道被拒絕	孺悲欲見孔子，孔子辭以疾，將命者出戶，取瑟而歌，使之聞之。（17.18）

樊遲（回答不同）	樊遲問仁三次，孔子回答都不同	樊遲問知。子曰：「務民之義，敬鬼神而遠之，可謂知矣。」問仁。曰：「仁者先難而後獲，可謂仁矣。」（6.22）
童子（隨機鼓勵教育）	鼓勵互鄉（童子）	互鄉難與言，童子見，門人惑。子曰：「與其進也，不與其退也，唯何甚？人潔己以進，與其潔也，不保其往也。」（7.29）
子路、曾皙、冉有、公西華（隨機教育）	侍坐時言志	子路、曾皙、冉有、公西華侍坐。子曰：「以吾一日長乎爾，毋吾以也。居則曰：『不吾知也！』如或知爾，則何以哉？」（11.24）
顏淵、季路（隨機教育）	侍坐時言志	1. 顏淵、季路侍。子曰：「盍各言爾志？」子路曰：「願車馬、衣輕裘，與朋友共，蔽之而無憾。」顏淵曰：「願無伐善，無施勞。」子曰：「願聞子之志。」子曰：「老者安之，朋友信之，少者懷之。」（5.26） 2. 閔子侍側，誾誾如也；子路，行行如也；冉有、子貢，侃侃如也。子樂。「若由也，不得其死然。」（11.13）

第二篇

從政

第一章 概論

行仁之道就是由從政或為政而實踐，由從政或為政時才能謀取百姓最大的福祉，也是「學」之目的，及仁者所追求的目標，即所謂「聖」之「博施濟眾」，就是安民。

第一節 行仁之道

行仁就是實踐仁的方式，履行途徑是由內而外，由個人內在品德到外在行為的品德，再由個人、家庭、社會到國家，依據實踐方式可以區分為個人之仁及從政之仁。（見圖一）

一、個人之仁：仁心之愛、敬，仁德之恭、信。

二、從政之仁：仁心之恕，仁德之忠、敏，仁政之寬、惠、時、教、禮。

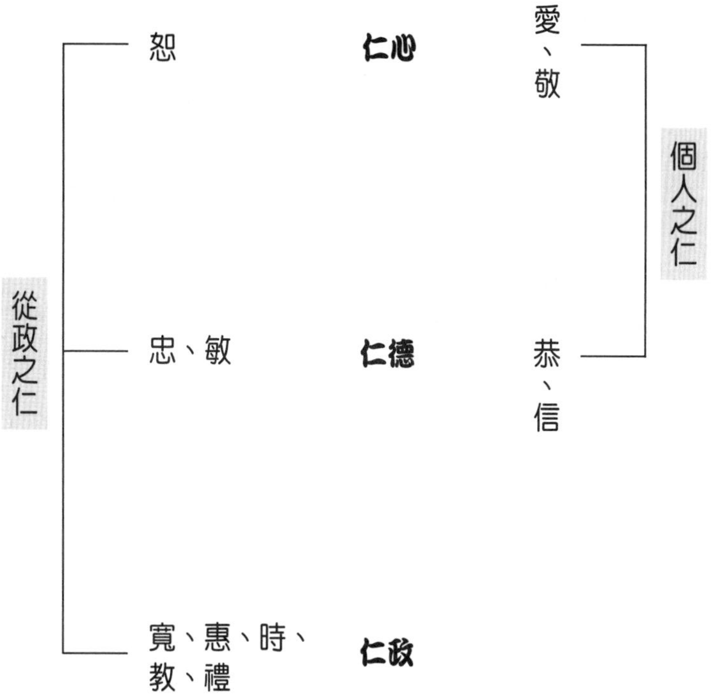

圖一　行仁之道——個人之仁與從政之仁

第二節　為（從）政之仁

為（從）政之仁，是君子將仁心施展到仁德，再將仁德施展至從政上，最終是追求能「博施濟眾」的百姓福祉。就是君子先「修己」，再「安民」的「內聖外王」。（見圖二）

為（從）政之仁可由「克己」及「修己」而概略區分為國君、臣子，再依仁心、仁德、仁政等三階段區分如下：

一、國君（克己）：仁心之恕，仁德之復禮、待臣以禮，仁政之舉才。

二、臣子（修己）：仁心之恕，仁德之忠，仁政之恕、寬、惠、教、使民以時、齊之以禮等。

註：《論語》中對於從政、為政之用語並無嚴格區分為國君為政、臣子從政，但說到「為政」主要是指國君之為政，故而本篇為了方便，才區分「國君為政、臣子從政」。

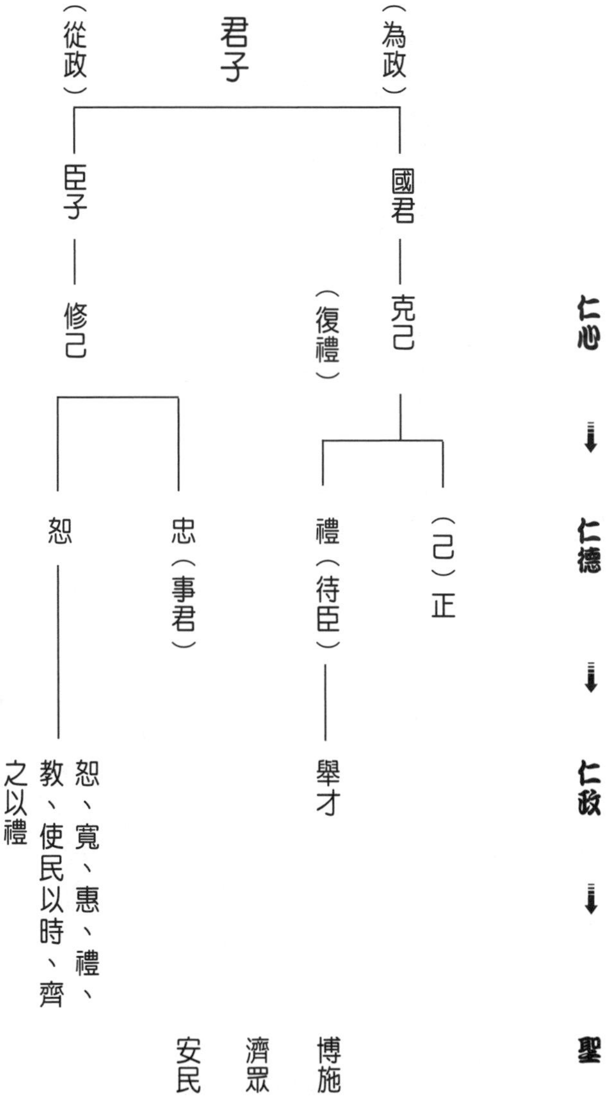

圖二　為（從）政之仁——國君與臣子

第二章 為（從）政

孔子的中心思想是「仁」，其道就是「行仁之道」。仁是由內而外，由個人之仁心，施展於個人、家庭、社會之仁德，再施展於國家之仁政上，所以「行仁之道」最終就是由「從政」來實踐仁政，謀求百姓福祉（安民）。基於孔子行仁的理念，曾子由從政方面的「忠恕」來闡釋孔子的一貫之道，也是所謂「半部《論語》治天下」的從政之論。

第一節 為政典範

一、古人（堯、舜）典範

孔子對堯、舜等古代國君稱許以為典範，除作為孔子之理想外，也是對該時期國君的期許。堯、舜的為政典範是克己、無為、舉才等。又稱許仁者典範，也是對從政的期許。

㈠禪讓政治，堯、舜、禹

堯以「天之曆數在爾躬」命舜，舜亦以命禹。堯以天命之名將帝位禪讓予舜，舜禪讓與禹，孔子故而稱讚堯之為君，「巍巍乎，唯天為大，唯堯則之」，堯是效法（則）偉大的天，意指禪讓乃天命；又推許周太伯能「三以天下讓」為「至德」。表示孔子亟力贊成有天命的「禪讓政治」。（另對於周文王能「三分天下有其二，以服事殷」，稱為「至德」，褒其至德意貶其反，故可見孔子不贊成武力推翻政權）

㈡克己，克制私慾

孔子稱許禹之菲飲食、惡衣服、卑宮室，能克制衣、食、住之私慾，簡樸生活（修己）。然盡心於祭祀、禮儀及開溝恤治水，就是敬鬼神，務民之義。

㈢無為而治

孔子稱「舜禹有天下而不與焉」、「舜也無為而治者」，舜、禹有天下但不參與政事之中，只是恭己正南面而已矣。堯、舜能正南面而無為治，表示國君心態上要無為，而將國是委由群賢治理。

㈣舉賢才，舜有臣五人而天下治，周武王有亂臣十人

舜無為而治，但能舉賢才，使天下安樂；周武王有能相輔佐的十位臣子，所以國君首要工作在知人，才能「舉直錯諸枉，能使枉者直」及「民服」。又舜舉皋陶，湯舉伊尹，不仁者遠矣，才能達到國君為政的目標天下治。

㈤傳承，堯、舜、禹、商湯、周

禮樂制度，孔子認為「周監於二代，郁郁乎文哉」，故而從周。孔子採用夏代曆法、殷代的車、周代的冕及舜之韶舞。表示文化的傳承，及孔子對於古代制度的嚮往。

㈥施政重點是民之食、喪、祭

施政重點有：

一、行政：謹權量，審法度，修廢官。

二、得民心：興滅國，繼絕世，舉逸民。

三、施政：重視民食、喪、祭。

四、上位者：寬（得眾）、信（民任）、敏（有功）。

㈦古人典範條文

表四十一：古人典範條文

項目	重點	條文
堯：文章	文章（禮樂典章制度）	子曰：「大哉，堯之為君也，巍巍乎，唯天為大，唯堯則之，蕩蕩乎，民無能名焉。巍巍乎，其有成功也，煥乎，其有文章。」（8.19）
禹：祭、衣服、溝洫	致孝鬼神（菲飲食） 致美黻冕（惡衣服） 盡力溝洫（卑宮室）	子曰：「禹，吾無間然矣，菲飲食，而致孝乎鬼神，惡衣服，而致美乎黻冕，卑宮室，而盡力乎溝洫，禹，吾無間然矣。」（8.21） （黻冕：祭禮的衣服、帽子。）

舜、禹：政治	有天下而不與焉	子曰：「巍巍乎，舜禹之有天下也，而不與焉。」（8.18）（與：參與。）
舜：政治	無為而治	子曰：「無為而治者，其舜也與！夫何為哉？恭己正南面而已矣。」（15.5）
舜：賢才 周：以強、事弱	有臣五人，而天下治 周服事殷	舜有臣五人而天下治。武王曰：「予有亂臣十人。」孔子曰：「才難，不其然乎？唐虞之際，於斯為盛，有婦人焉，九人而已。三分天下有其二，以服事殷，周之德，其可謂至德也已矣。」（8.20）
周：制度	遵從周朝之文（制度）	子曰：「周監於二代，郁郁乎文哉！吾從周。」（3.14）（監：鑒，借鑑。郁郁：豐富。）
夏、殷、周： 道統、遠小人	夏時（曆法）、殷（商）輅（車）、周冕（帽）	顏淵問為邦。子曰：「行夏之時，乘殷之輅。服周之冕。樂則韶舞。放鄭聲，遠佞人；鄭聲淫，佞人殆。」（15.11） （時：曆法。冕：帽子。輅：車子。舞：武王之舞。放：捨棄。鄭聲：靡巧之曲。佞人：奉承諂媚小人。）

1. 堯、舜、禹 2. 商湯 3. 周武王	行政，允執其中、有罪，罪在一人。 1. 謹權量，審法度，修廢官 2. 重民之食、喪、祭 3. 對待民以寬（得眾）、信（民任）、敏（有功）	堯曰：「咨！爾舜！天之曆數在爾躬，允執其中！四海困窮，天祿永終。」舜亦以命禹。曰：「予小子履，敢用玄牡，敢昭告于皇皇后帝：有罪不敢赦，帝臣不蔽，簡在帝心！朕躬有罪，無以萬方；萬方有罪，罪在朕躬。」周有大賚，善人是富。「雖有周親，不如仁人；百姓有過，在予一人。」謹權量，審法度，修廢官，四方之政行焉。興滅國，繼絕世，舉逸民，天下之民歸心焉。所重：民、食、喪、祭。寬則得眾，信則民任焉。敏則有功，公則說。（20.1）
泰伯（周文王）	三讓天下	子曰：「泰伯，其可謂至德也已矣。三以天下讓，民無得而稱焉。」（8.1）
周：人才	八士	周有八士：伯達、伯适、仲突、仲忽、叔夜、叔夏、季隨、季騧。（18.11）
周公	不棄故舊、親人 無求備於一人	周公謂魯公曰：「君子不施其親，不使大臣怨乎不以。故舊無大故，則不棄也。無求備於一人。」（18.10）（施：疏遠。）

舜、湯：人才	舜舉皋陶 湯舉伊尹	樊遲問仁。子曰：「愛人。」問知。子曰：「知人。」樊遲未達。子曰：「舉直錯諸枉，能使枉者直。」樊遲退，見子夏曰：「鄉也，吾見於夫子而問知，子曰：『舉直錯諸枉，能使枉者直。』何謂也？」子夏曰：「富哉言乎！舜有天下，選於眾，舉皋陶，不仁者遠矣；湯有天下，選於眾，舉伊尹，不仁者遠矣。」（12.22）
夏	禹稷躬稼，而有天下	南宮适問於孔子曰：「羿善射，奡盪舟，俱不得其死然。禹稷躬稼，而有天下。」夫子不答。南宮适出，子曰：「君子哉若人！尚德哉若人！」（14.5）
夏、商、周	1. 社主用木之用意 2.（不善之事）既往不咎	哀公問社於宰我。宰我對曰：「夏后氏以松，殷人以柏，周人以栗，曰使民戰栗。」子聞之，曰：「成事不說，遂事不諫，既往不咎。」（3.21）
古之道	在德政（不在力）	子曰：「射不主皮，為力不同科，古之道也。」（3.16）（皮：貫穿皮革之靶。科：等級。）

二、為政以仁（德）

㈠舉直，使不仁者遠去

堯、舜、禹、湯都能舉賢才，使天下治。孔子主張「政者，正也」，為政者要「身正」，而後事成。提拔正直的人從政，身正、事成、禮樂興、百姓安措手足，甚至使枉者直，不仁者自然遠去。

㈡博施濟眾（聖），仁之目標

博施濟眾是為（從）政的目標，對象都是百姓，是由國君有恕、立人、達人之仁心施於百姓，使百姓安身立命及安居樂業（安民、濟眾）。孔子所謂「老者安之，朋友信之，少者懷之」的大同世界，雖然堯、舜尚且做不到「聖」境，也成就了仁（政）的大目標。

㈢均、和、安，國與國競爭的重點

國與國之間的競爭，由健全的典章制度（文德），吸引遠方的百姓自動前來，前來者就要安頓他們。孔子認為國家要使百姓財富平均、和睦相處、社會安定，建立安和樂業的環境，才是國家吸引百姓的誘因，而非武力的強取。

㈣不以兵車，助桓公九合諸侯，管仲之仁

不以武力而九合諸侯，使天下保持太平，就是管仲從政的仁政。或謂管仲所事公子糾死而不死，是不忠而不仁，但是孔子之仁（政）是以百姓福祉來判斷，不是個人生死。

(五)為政以仁（德）之條文

表四十二：為政以仁（德）之條文

項目	重點	條文
舜、湯：人才	舜舉皋陶 湯舉伊尹	樊遲問仁。子曰：「愛人。」問知。子曰：「知人。」樊遲未達。子曰：「舉直錯諸枉，能使枉者直。」樊遲退，見子夏曰：「鄉也，吾見於夫子而問知；子曰：『舉直錯諸枉，能使枉者直。』何謂也？」子夏曰：「富哉言乎！舜有天下，選於眾，舉皋陶，不仁者遠矣；湯有天下，選於眾，舉伊尹，不仁者遠矣。」（12.22）
仁	博施於民而能濟眾 己欲立而立人，己欲達而達人	子貢曰：「如有博施於民而能濟眾，何如？可謂仁乎？」子曰：「何事於仁！必也聖乎！堯舜其猶病諸！夫仁者，己欲立而立人，己欲達而達人。能近取譬，可謂仁之方也已。」（6.30）
民德	慎終追遠	曾子曰：「慎終追遠，民德歸厚矣。」（1.9）

德	眾星共之	子曰：「為政以德，譬如北辰，居其所而眾星共之。」（2.1）
仁	均、和、安（患不均、不安）	孔子曰：「求！君子疾夫舍曰欲之而必為之辭。丘也聞有國有家者，不患寡而患不均，不患貧而患不安；蓋均無貧，和無寡，安無傾。夫如是，故遠人不服，則修文德以來之。既來之，則安之。今由與求也，相夫子，遠人不服而不能來也，邦分崩離析而不能守也，而謀動干戈於邦內。吾恐季孫之憂，不在顓臾，而在蕭牆之內也！」（16.1）
仁	老者安之，朋友信之，少者懷之	顏淵、季路侍。子曰：「盍各言爾志？」子路曰：「願車馬、衣輕裘，與朋友共，蔽之而無憾。」顏淵曰：「願無伐善，無施勞。」子路曰：「願聞子之志。」子曰：「老者安之，朋友信之，少者懷之。」（5.26）
仁（管仲之仁）	為政（輔佐君王）不以武力霸天下	子路曰：「桓公殺公子糾，召忽死之，管仲不死。」曰：「未仁乎！」子曰：「桓公九合諸侯，不以兵車，管仲之力也。如其仁！如其仁！」（14.16）

三、為政以私（不仁）

㈠國君稱老，孔子行

齊景公依禮招待孔子，但是卻稱老而不用孔子從政。表示齊景公知禮而禮遇孔子，但是齊景公年歲老大（近六十）不願變革（行仁政）而不用孔子，孔子遂行。

㈡國君耽女樂，孔子行

齊國畏懼魯國強大而贈女樂、文馬，當政的季桓子與國君相與觀之，三日不朝，怠於政事，孔子遂行。齊國見到孔子從政三月，路不拾遺而懼，遂計使當政大夫、國君縱私慾，孔子又因「墮三都」的政策無法完成，遂行。

㈢國君問陣（軍事），孔子行

衛靈公問軍旅，孔子回答未學而學過禮樂。意指治國應先禮樂而後治，而衛靈公以軍事優先無意施行仁政，所以孔子第二天立刻離去。

㈣國君斂財，可攻之

季氏富於周公已違常情，好財是不仁；而冉有為其臣，幫助斂財，未能輔佐行仁政，亦失仁。故孔子謂「非吾徒也，小子鳴鼓而攻之，可也」。

㈤為政以私（不仁）之條文

表四十三：為政以私（不仁）之條文

項目	重點	條文
孔子行	吾老矣	齊景公待孔子，曰：「若季氏則吾不能，以季、孟之間待之。」曰：「吾老矣，不能用也。」孔子行。（18.3）
孔子行	女樂	齊人歸女樂，季桓子受之，三日不朝，孔子行。（18.4）
孔子行	問陳	衛靈公問陳於孔子。孔子對曰：「俎豆之事，則嘗聞之矣；軍旅之事，未之學也。」明日遂行。（15.1）
孔子不為（幫助）	為衛君	冉有曰：「夫子為衛君乎？」子貢曰：「諾；吾將問之。」入，曰：「伯夷、叔齊何人也？」曰：「古之賢人也。」曰：「怨乎？」曰：「求仁而得仁，又何怨？」出，曰：「夫子不為也。」（7.15）

孔子不見（道不同）	陽貨陪臣、專權	陽貨欲見孔子，孔子不見，歸孔子豚。孔子時其亡也，而往拜之。遇諸塗。謂孔子曰：「來！予與爾言。」曰：「懷其寶而迷其邦，可謂仁乎？」曰：「不可。」「好從事而亟失時，可謂知乎？」曰：「不可。」「日月逝矣！歲不我與！」孔子曰：「諾，吾將仕矣。」（17.1）
曾子哀矜而勿喜	上位失道（民散）	孟氏使陽膚為士師，問於曾子。曾子曰：「上失其道，民散久矣！如得其情，則哀矜而勿喜。」（19.19）
孔子鳴鼓而攻	聚斂（不仁）	季氏富於周公，而求也為之聚斂而附益之。子曰：「非吾徒也，小子鳴鼓而攻之，可也！」（11.17）

第二節　為（從）政之道

一、對待百姓（下）施政之道

㈠足食、足兵、民信，施政之道

足食、足兵、民信是從政、施政之目標。足食乃基本的生活食物問題，解決百姓民生問題；足兵乃安全問題，保障百姓身家性命之安全；民信乃安身立命問題，上下、相互間的信賴。足食，足兵，民信，就是施政之方向。

㈡**惠而不費、勞而不怨，對百姓之道**

施惠予百姓而不耗費的方法，就是順著百姓的利益而推動；勞動百姓而不被怨恨的方法，就是選擇可以勞動者或適合的時機而勞動，所以對百姓施惠、勞動都是要有智慧的。

㈢**莊、孝慈、舉善，待民之道**

對待百姓的態度要莊重，百姓就以尊敬回饋；待如親人，孝長者、慈愛幼者，百姓就會忠心耿耿；提拔能幹者、教導不會者，則會相互勉勵努力，不仁者遠去。待百姓要尊重、視為親人、舉善，都是要求施政者的作為，亦即上位者之典範作用。

㈣**德、禮，教化百姓之道**

教化百姓，要以品德來引導（道），以禮來塑造、約束（齊），百姓就會有廉恥之心及格調，這是孔子（儒家）治國之道。反之，法家是以法令、刑罰來治理百姓，百姓只為避免受罰而沒有羞恥之心，國家終究不能長治久安。

㈤**教、戒、令、與，對待百姓之道**

上位（從政）要督導百姓的原則，不先教導就嚴格的要求（甚而殺），是虐；不先告誡而要求成效，就是暴；不先下令而要限期完成，就是賊；不依規定給（發）予而吝惜，就像小人般的有司。都是要求上位者從政不可以虐、暴、賊、有司，也就是要先要求自我，不可以故意、欺騙、害人、度量狹窄。對百姓要先教、先戒、先令、不似有司等。

㈥對下（百姓）為政（道、策略）之條文

表四十四：對下為政之條文

項目	重點	條文
足食、足兵、信	優先去兵、去食	子貢問政。子曰：「足食，足兵，民信之矣。」子貢曰：「必不得已而去，於斯三者何先？」曰：「去兵。」子貢曰：「必不得已而去，於斯二者何先？」曰：「去食。自古皆有死，民無信不立。」（12.7）
惠而不費、勞而不怨	因民之所利而利之 擇之可勞而勞之 對百姓不可 虐：不教而殺 暴：不戒視成 賊：慢令致期	子張問於孔子曰：「何如斯可以從政矣？」子曰：「尊五美，屏四惡，斯可以從政矣。」子張曰：「何謂五美？」子曰：「君子惠而不費，勞而不怨，欲而不貪，泰而不驕，威而不猛。」子張曰：「何謂惠而不費？」子曰：「因民之所利而利之，斯不亦惠而不費乎？擇可勞而勞之，又誰怨！欲仁而得仁，又焉貪！

		君子無眾寡，無小大，無敢慢，斯不亦泰而不驕乎！君子正其衣冠，尊其瞻視，儼然人望而畏之，斯不亦威而不猛乎！」子張曰：「何謂四惡？」子曰：「不教而殺謂之虐，不戒視成謂之暴，慢令致期謂之賊；猶之與人也，出納之吝，謂之有司。」（20.2）
使民以時	敬事而信 節用而愛人	子曰：「道千乘之國，敬事而信，節用而愛人，使民以時。」（1.5）
道民以德 齊之以禮	民有恥且格	子曰：「道之以政，齊之以刑，民免而無恥；道之以德，齊之以禮，有恥且格。」（2.3）
使民敬忠	臨之以莊 孝慈則忠 舉善而教不能	季康子問：「使民敬忠以勸，如之何？」子曰：「臨之以莊，則敬；孝慈，則忠；舉善而教不能，則勸。」（2.20）（勸：勉勵、努力。）
民敬	涖民以莊 動之以禮	子曰：「知及之，仁不能守之；雖得之，必失之。知及之，仁能守之，不莊以涖之，則民不敬。知及之，仁能守之，莊以涖之，動之不以禮，未善也。」（15.33）
使民由之（跟隨）	不可使知之	子曰：「民可使由之，不可使知之。」（8.9）

不棄民	教民戰	子曰：「以不教民戰，是謂棄之。」（13.30）
教民	戎（戰事）	子曰：「善人教民七年，亦可以即戎矣。」（13.29）

二、為政之道（國君）

㈠為政之道

以國君的地位（角度）而言，國君對下，包含臣子與百姓，為政之道主要敘明國君如何為政。

㈡好禮、好義、好信，國君之道

國君好禮制而對下以禮（態度莊重），百姓依禮行事則敬、易使；國君好義而役使民也符合時宜（義），則民莫敢不服；國君愛好誠信，則民莫敢不用實（情）。莫不敢雖有強迫之意義，但國君是風，百姓是草，風吹草偃，故國君沒有貪欲（不欲），百姓自然不會偷盜。所以國君為政要以「德」為主，要先注重自身品德，如禮、義、信等。

㈢莊、孝慈、舉善，國君自我之道

對待百姓的態度要莊重，百姓就以尊敬回饋；待如親人，孝長者、慈愛幼者，百姓就會忠心耿耿；提拔能幹者教導不會者，則會相互勉勵努力，不仁者遠去。待百姓要尊重、視為親人、舉善，都是要求施政者的作為，亦即上位者之典範作用。

㈣正，國君自我之道

國君旨在建立典範，如德風，百姓如草般的效法，國君正則孰敢不正，而正道包含了身正、名正等品德、身分職務方面。

1.身正：身正乃不貪慾、好善等品德方面，國君自身作則有仁德，百姓自然就有品德（善）而不必用刑（殺）的手段，再能以（仁）德、禮來教化百姓，百姓「有恥且格」，就算賞賜百姓也不會去偷竊。

2.名正：名正就是正名，乃「君君、臣臣、父父、子子」，對於身分、職務之正名，能名正、言順、事成等，終究可以使百姓安身立命（措手足）。

3.一言喪邦，國君之居心：由於專制，國君說的話沒人敢違逆，如果所說的話是善者，那也還好，但是不善的而沒有譖言或違背，就會導致喪邦的結果。所以專制極權的國君要切記「一言喪邦」，因而居心要正、身要正，才能接納異言之「一言興邦」，這就是「為君難」之處。

4.正，批判國君之標準：孔子謂「晉文公譎而不正；齊桓公正而不譎」，二人都成就霸業，晉文公以權詐（譎）逼周天子封其霸主，齊桓公乃「不以兵車」之正道來九合諸侯完成霸主，故以其方法是否「正」來評斷國君。

㈤上位者為政（管理）之條文

表四十五：上位者為政（管理）之條文

項目	重點	條文
上	上好禮、義、信，民莫敢不服、用情	樊遲請學稼，子曰：「吾不如老農。」請學為圃，曰：「吾不如老圃。」樊遲出，子曰：「小人哉，樊須也！上好禮，則民莫敢不敬；上好義，則民莫敢不服；上好信，則民莫敢不用情。夫如是，則四方之民，襁負其子而至矣；焉用稼！」（13.4）
上	上好禮民易使	子曰：「上好禮，則民易使也。」（14.42）
上	子正，孰敢不正	季康子問政於孔子，孔子對曰：「政者，正也，子帥以正，孰敢不正？」（12.17）
季康子	不欲，賞之不竊	季康子患盜，問於孔子。孔子對曰：「苟子之不欲，雖賞之不竊。」（12.18）
季康子	子欲善民善	季康子問政於孔子曰：「如殺無道，以就有道，何如？」孔子對曰：「子為政，焉用殺？子欲善，而民善矣！君子之德風，小人之德草；草上之風必偃。」（12.19）

季康子	臨之以莊、孝慈、舉善教不能民則敬、忠（效）	季康子問：「使民敬忠以勸，如之何？」子曰：「臨之以莊，則敬；孝慈，則忠；舉善而教不能，則勸。」（2.20）參（子曰：「德之不修，學之不講，聞義不能徙，不善不能改，是吾憂也。」（7.3））
魯定公	一言喪邦	定公問：「一言而可以興邦，有諸？」孔子對曰：「言不可以若是其幾也！人之言曰：『為君難，為臣不易。』如知為君之難也，不幾乎一言而興邦乎？」曰：「一言而喪邦，有諸？」孔子對曰：「言不可以若是其幾也！人之言曰：『予無樂乎為君，唯其言而莫予違也。』如其善而莫之違也，不亦善乎？如不善而莫之違也，不幾乎一言而喪邦乎？」（13.15）
上位	譎、正	子曰：「晉文公譎而不正；齊桓公正而不譎。」（14.15）
王者	世（三十年）而仁	子曰：「如有王者，必世而後仁。」（13.12）
國君	為政以德，眾星拱之	子曰：「為政以德，譬如北辰，居其所而眾星共之。」（2.1）

三、從政之道（臣子）

㈠從政是概由臣子的地位角度而言

臣子上事國君，下對百姓，而孔子理想中很重視君子，由君子來塑造臣子典範（另含國君），君子由「修己」開始，終以「安民」為目的。

㈡身正，臣子自身方面

身正乃言行適當（正）合乎禮等品德規範，作為百姓表率，不令而行，如生活檢樸、私慾少（居敬行簡）而身正。另要不倦怠的以身作則（先之），再使百姓勞動（勞之）。

㈢仁心、仁德，從政之道

從政者要有仁心，執政時要有仁德。

1.忠、信、愛人，有仁心：從政時要有忠誠、信用、愛人等仁心，以忠誠、信用來事國君，以愛人的心理來對待百姓，故須有仁心作為從政之基礎。

2.行簡、節用、敬事、先之，有仁德：行事簡單、節儉財用、執事以敬、以身先之，是從政上實務的仁德。對於個人，財物要節儉、做事不可懈怠，行事要簡易，要先身體力行後再勞動百姓。

㈣惠而不費、勞而不怨，對待百姓之道

施惠予百姓而不耗費的方法，就是順著百姓的利益而推動；勞動百姓而不被怨恨的方

法，就是選擇可以勞動者或適合的時機而勞動，所以對百姓施惠、勞動都是要有智慧的。

㈤教、戒、令、與，對待百姓之道

從政要督導百姓的原則，不先教導而就嚴格的要求（甚而殺），就是虐；不先告誡而就要求成效，就是暴；不先下令而要限期完成，就是賊；不依規定給（發）予而吝惜，就像小人般的有司。都是要求上位者從政不可以虐、暴、賊、有司，也就是要先要求自我，不可以故意、欺騙、害人、度量狹窄。對待百姓要先教、先戒、先令、不似有司等。

㈥從政之條文

表四十六：從政之條文

項　目	重　點	條　文
從政	正其身	子曰：「苟正其身矣，於從政乎何有？不能正其身，如正人何？」（13.13）
從政	身正，不令而行	子曰：「其身正，不令而行；其身不正，雖令不從。」（13.6）
從政	居之無倦 行之以忠	子張問政。子曰：「居之無倦，行之以忠。」（12.14）

從政	先之、勞之 無倦	子路問政。子曰：「先之，勞之。」請益。曰：「無倦。」（13.1）
從政	敬事，節用，使 民以時	子曰：「道千乘之國，敬事而信，節用而愛人，使民以時。」（1.5）
從政	行五美： 惠而不費 勞而不怨 欲而不貪 泰而不驕 威而不猛 屏四惡： 不教而殺（虐） 不戒視成（暴） 慢令致期（賊） 猶之與人，出納 之吝（有司）	子張問於孔子曰：「何如，斯可以從政矣？」子曰：「尊五美，屏四惡，斯可以從政矣。」子張曰：「何謂五美？」子曰：「君子惠而不費，勞而不怨，欲而不貪，泰而不驕，威而不猛。」子張曰：「何謂惠而不費？」子曰：「因民之所利而利之，斯不亦惠而不費乎？擇可勞而勞之，又誰怨！欲仁而得仁，又焉貪！君子無眾寡，無小大，無敢慢，斯不亦泰而不驕乎！君子正其衣冠，尊其瞻視，儼然人望而畏之，斯不亦威而不猛乎！」子張曰：「何謂四惡？」子曰：「不教而殺謂之虐，不戒視成謂之暴，慢令致期謂之賊，猶之與人也，出納之吝，謂之有司。」（20.2）

從政	居敬行簡	仲弓問子桑伯子。子曰：「可也簡。」仲弓曰：「居敬而行簡，以臨其民，不亦可乎？居簡而行簡，無乃大簡乎？」子曰：「雍之言然。」（6.2）
從政（士師）	上失道，民散，哀矜而勿喜	孟氏使陽膚為士師，問於曾子。曾子曰：「上失其道，民散久矣！如得其情，則哀矜而勿喜。」（19.19）

四、君臣之道

㈠為君難，為臣不易

為君、為臣都有其困難之處，而孔子認為立身處事在於禮，所以君對臣、臣事君都需以禮行之，建立典範。

㈡君使臣，以禮

孔子認為禮的作用在「和」，維繫一種和諧，所以國君要愛好禮，因為無禮會產生勞、縮、亂、絞、刺等缺失（不和），故國君對臣要以禮相待。另國君對於百姓，要規範（齊）之以禮，則民有規矩（格），而國君好禮可以感化百姓，則民易使、民莫敢不敬。

㈢臣事君之原則，盡禮，以敬、以忠、以道

遵照禮的規矩面對國君；另以「忠」事君，忠則要勿欺，要能對於錯的政策、行事予

以導正（誨），甚而需要直言進諫（陳力就列），甚至要侵犯國君的威嚴（犯），如果不能停止有重大錯誤的政策，就要離開（止），這就是以道事君。

㈣臣子對於職務之態度，先敬事後食

先敬業，認真的態度完成臣子的職（務）守工作，而再論及俸祿（食）。臣子要有先責任，後功勞的態度。

㈤臣子之分類，大臣、具臣

大臣者，以正道事奉國君，對於錯誤的重大政策，無法勸阻就要離開，避免不離去反遭受羞辱；具臣，是稱職的臣子。如季氏將伐顓臾影響眾多百姓生命、財產，孔子認為冉有、子路應予以勸阻之，二人無法阻止，故而是具臣而已。

㈥君臣之條文

表四十七：君臣之條文

項目	重點	條文
使臣事君	君使臣以禮 臣事君以忠	定公問：「君使臣，臣事君，如之何？」孔子對曰：「君使臣以禮，臣事君以忠。」（3.19）

事君	以道事君（大臣）	季子然問：「仲由、冉求，可謂大臣與？」子曰：「吾以子為異之問，曾由與求之問？所謂大臣者，以道事君，不可則止；今由與求也，可謂具臣矣。」（11.22）
事君	勿欺	子路問事君。子曰：「勿欺也，而犯之。」（14.22）（子曰：「愛之，能勿勞乎？忠焉，能勿誨乎？」（14.7））
事君	敬其事而後其食	子曰：「事君，敬其事而後其食。」（15.38）
事君	陳力就列，不能者止	季氏將伐顓臾。冉有、季路見於孔子……曰：「求！周任有言曰：『陳力就列，不能者止。』危而不持，顛而不扶，則將焉用彼相矣？且爾言過矣！虎兕出於柙，龜玉毀於櫝中，是誰之過與？」（16.1）
事上	事上也敬	子謂子產，「有君子之道四焉：其行己也恭，其事上也敬，其養民也惠，其使民也義。」（5.16）
事君	事君數，斯辱矣	子游曰：「事君數，斯辱矣；朋友數，斯疏矣。」（4.26）
事君	鄙夫既得之，患失之，無所不至矣	子曰：「鄙夫！可與事君也與哉！其未得之也，患得之；既得之，患失之；苟患失之，無所不至矣！」（17.13）

事人	直道而事人	柳下惠為士師，三黜。人曰：「子未可以去乎？」曰：「直道而事人，焉往而不三黜？枉道而事人，何必去父母之邦！」（18.2）

第三節　為（從）政之優先次序及策略

一、為（從）政之優先次序

㈠庶、富、教，施政之道

庶、富、教是施政之順序。庶是使百姓增多，施政者要先建立典章制度（修文德），使近的百姓歡悅，遠方的百姓歸來依附。再要使百姓富足起來，對百姓要寬大、恩惠，因民之所利而利之，擇可勞而勞之，百姓就會富足。再要教導之，使百姓學而知禮，達到富而有禮的社會。

㈡足食、足兵、民信，施政之道

足食、足兵、民信是從政、施政之目標。足食乃民生問題，解決百姓生活食物問題；足兵乃安全問題，保障百姓之安全；民信是相互間的信賴，乃安身立命問題，故施政要解決民生、安全問題，及建立民信。而三者必須去除時，先去兵，再去食，依安定（或威脅性）而言，「兵災」並非直接威脅性；「無食」直接威脅到生命、生存；「民無信」則社會不安定，造成恐怖、殺戮、鬥爭更甚於生命，故而「不立」，另由此顯見孔子的價值觀，如何安身（立）才是最重要的事項。

㈢不均、不和、不安，施政要避免之道

施政要避免財富不均、社會不和、百姓不安。對於財富不要煩愁貧乏而擔憂不均，對於百姓不憂慮民戶少而擔憂不能和睦、安居，因為財富均則無貧（困），社會和睦則無寡（少數），百姓安居則無傾（覆）。

㈣為政的優先次序

表四十八：為政的優先次序

項目	重點	條文
庶、富、教	既庶矣	子適衛，冉有僕。子曰：「庶矣哉！」冉有曰：「既庶矣，又何加焉？」曰：「富之。」曰：「既富矣，又何加焉？」曰：「教之。」（13.9）
百姓先足	農禍對策：減稅	哀公問於有若曰：「年饑，用不足，如之何？」有若對曰：「盍徹乎？」曰：「二，吾猶不足，如之何其徹也？」對曰：「百姓足，君孰與不足？百姓不足，君孰與足？」（12.9）

求均、安	不患寡而患不均 不患貧而患不安	孔子曰：「求！君子疾夫舍曰欲之，而必為之辭。丘也聞有國有家者，不患寡而患不均，不患貧而患不安；蓋均無貧，和無寡，安無傾。夫如是，故遠人不服，則修文德以來之。既來之，則安之。今由與求也，相夫子，遠人不服而不能來也，邦分崩離析而不能守也，而謀動干戈於邦內，吾恐季孫之憂，不在顓臾，而在蕭牆之內也！」（16.1）
民信、足食、足兵	去兵、去食	子貢問政。子曰：「足食，足兵，民信之矣。」子貢曰：「必不得已而去，於斯三者何先？」曰：「去兵。」子貢曰：「必不得已而去，於斯二者何先？」曰：「去食；自古皆有死，民無信不立。」（12.7）
使無訟		子曰：「聽訟，吾猶人也。必也使無訟乎！」（12.13）

二、為（從）政之策略

㈠正名

1.正名，是施政之首：施政第一件要做的事情，就是正名，子路認為正名是（迂）腐不知變通，但是孔子所稱之正名研析如下：

＊身分之正名

孔子所謂「君君、臣臣、父父、子子」，固然是抗議當時「君不君、臣不臣、父不父、子不子」的情況，但是君臣、父子同列，表示孔子認為二者的關係（家族、政治）都是不能變動的，特別重視身分之正名。

＊職位之正名

孔子是針對衛國父子爭位而回答正名，再由後續所謂「名不正，則言不順；言不順，則事不成；事不成，則禮樂不興；禮樂不興，則刑罰不中；刑罰不中，則民無所措手足」，就是由政治上職位來說明的。

＊事務之正名

最後孔子謂「君子名之必可言也，言之必可行也」，謂名、言、行，是對於事務上之言語要能名實相符，避免言語錯誤，致使言不順，事不行。

2.名正，「君君，臣臣，父父，子子」：君、臣、父、子是一種身分，表示其在國家、家庭的職位、地位，及相互間的上下、長幼等關係，故而該等應盡到職務及相互間的責任，亦即禮的根本（身分），故君不君等是身分亂、而禮亂、而社會混亂，故而齊景公謂「雖有粟，吾得而食諸」。

3.正名的效應（果）：「名正⇣言順⇣事成⇣禮樂興⇣刑罰中⇣民措手足」，有其名義（職稱）才理直（職務），才能建立規範（定）故而言順，依規範行事才能使百姓安（成事），社會和樂自然禮樂興盛，外有規範內有禮樂，刑罰才能適當的執行，百姓才能安居樂業（措手足），達到「安民」。

4.施政，大事為重：施政不能只見小利，要以影響深遠的大事為重，否則只見到眼前小利，無法為民謀福利；又執行時不要想到速成，須沉穩堅定的一步一步去執行。

㈡正名之條文

表四十九：正名之條文

項目	重點	條文
正名	名正⇣言順⇣事成⇣禮樂與⇣刑罰不中⇣刑罰中⇣民措手足	子路曰：「衛君待子而為政，子將奚先？」子曰：「必也正名乎！」子路曰：「有是哉？子之迂也！奚其正？」子曰：「野哉，由也！君子於其所不知，蓋闕如也。名不正，則言不順；言不順，則事不成；事不成，則禮樂不興；禮樂不興，則刑罰不中；刑罰不中，則民無所措手足。故君子名之必可言也，言之必可行也。君子於其言，無所苟而已矣！」（13.3）

正名	君君；臣臣；父父；子子	齊景公問政於孔子。孔子對曰：「君君；臣臣；父父；子子。」公曰：「善哉！信如君不君，臣不臣，父不父，子不子，雖有粟，吾得而食諸？」（12.11）
不在其位	不謀其政	子曰：「不在其位，不謀其政。」（14.26）
不出其位	思不出其位	曾子曰：「君子思不出其位。」（14.27）
依其身分（名）	盡其責	子曰：「觚不觚，觚哉！觚哉！」（6.25）
無欲速 無見小利	欲速則不達 見小利則大事不成	子夏為莒父宰，問政。子曰：「無欲速，無見小利。欲速則不達；見小利則大事不成。」（13.17） 參（子曰：「巧言亂德。小不忍，則亂大謀。」（15.27））

㈢為（從）政之策略：舉才

1.舉賢才，天下治：在《論語》中國君是正南面、居北辰，無為而治，但國事則需要有賢才治之，如舜舉皋陶、湯舉伊尹，及周武王有亂臣十人、舜有八士等。所以國君首要能「知人」，才能舉賢才而天下治。甚而只要有賢才治國，可彌補國君無道，如衛靈公無道而未亡。

2.舉直，舉賢才之道：舉用正直者，正直者從政待百姓能以寬、惠、安等，使百姓信服；亦使枉曲（小人）改邪歸正，改變社會風範。反之，舉枉曲（小人）則以私利為重，百姓不信服，甚而造成社會無信而亂。

3. 舉善，能使百姓敬忠之道：使百姓忠上、敬上，除國君臨之以莊、行孝慈外，並且要舉用有才德者，教導能力差的，所以國君要舉用才德者才能獲得百姓的忠、敬。

4. 舉所知，舉用之道：舉用之賢才由爾所知者開始，使所知之賢者能被舉用，舉賢者建立舉才德典範，故有謂舉賢者而「不仁者遠矣」。

㈣舉才之條文

表五十：舉才之條文

項目	重點	條文
舉賢才	舉爾所知	曰：「焉知賢才而舉之？」曰：「舉爾所知。爾所不知，人其舍諸！」（13.2）
舉賢才	先有司，赦小過，舉賢才	仲弓為季氏宰，問政。子曰：「先有司，赦小過，舉賢才。」（13.2）
舉直	舉直錯諸枉	哀公問曰：「何為則民服？」孔子對曰：「舉直錯諸枉，則民服；舉枉錯諸直，則民不服。」（2.19）

舉直	舉直錯諸枉	樊遲問仁。子曰：「愛人。」問知。子曰：「知人。」樊遲未達。子曰：「舉直錯諸枉，能使枉者直。」樊遲退，見子夏曰：「鄉也，吾見於夫子而問知；子曰：『舉直錯諸枉，能使枉者直。』何謂也？」子夏曰：「富哉言乎！舜有天下，選於眾，舉皋陶，不仁者遠矣；湯有天下，選於眾，舉伊尹，不仁者遠矣。」（12.22）
舉善	使民敬忠	季康子問：「使民敬忠以勸，如之何？」子曰：「臨之以莊，則敬；孝慈，則忠；舉善而教不能，則勸。」（2.20）
有賢才	衛靈公無道而不亡	子言衛靈公之無道也，康子曰：「夫如是，奚而不喪？」孔子曰：「仲叔圉治賓客，祝鮀治宗廟，王孫賈治軍旅；夫如是，奚其喪？」（14.19）

三、為（從）政之才能（培養）

㈠仕，學習而來

學而優則仕，孔子時期，學習就是要從政為仕，所以學習的目的就是從政，學習就是培養當官的才能，故而從政人才也是逐步的訓練出來。

㈡孝、友，為政之本

弟子在家要孝順父母、友愛兄弟，如是使家庭人際和諧、家政井然，培養良好的品德及治家的技巧，再推展到為政上，也是由家推展至國家。孝、友是仁心、仁德的表現，也是儒家所謂「修身、齊家、治國、平天下」的「內聖（仁）外王」的一貫主張。

㈢多聞、慎言、多見、慎行，學干祿之道

多聽聞而慎言來隱藏疑惑者，好似違背「疑思問」；多看而慎行來保留疑惑者，好似違背「視思明」。然慎言、慎行是學習「為人」的過程及方法，慎言不會失言則少過（寡尤），慎行不會衝動則寡悔，少過、寡悔表示穩重，自然會得到上位者賞識而得到干祿，應是從政之實務經驗。另也是在家、在職場上之通義。

㈣為政才能之條文

表五十一：為政才能之條文

項目	重點	條文
學	學而優則仕	子夏曰：「仕而優則學；學而優則仕。」（9.13）
學	三年學至於穀	子曰：「三年學，不至於穀，不易得也。」（8.12）

政	有孝、友之品德（推展於政）	或謂孔子曰：「子奚不為政？」子曰：「書云：『孝乎惟孝，友於兄弟，施於有政。』是亦為政，奚其為為政？」（2.21）
學	多聞慎言（寡尤）多見慎行（寡悔）	子張學干祿。子曰：「多聞闕疑，慎言其餘，則寡尤。多見闕殆，慎行其餘，則寡悔。言寡尤，行寡悔，祿在其中矣。」（2.18）
政	果（果斷）、達（通達）、藝（才能）者可從政	季康子問：「仲由，可使從政也與？」子曰：「由也果，於從政乎何有？」曰：「賜也，可使從政也與？」曰：「賜也達，於從政乎何有？」曰：「求也，可使從政也與？」曰：「求也藝，於從政乎何有？」（6.8）

第四節　應世之道

一、道同、道不同

㈠道同是政治理念相同

1.道，以道事君：孔子批評仲由、冉求是稱職的臣子（具臣）他們能夠盡禮、以敬、以忠事君，但非「大臣」。大臣是要能「以道事君」，孔子之道就是追求百姓福祉，所以要以正道（仁政）來事奉國君。

2. 道不同，不相為謀：《論語》中孔子之道是以百姓福祉為旨，對於理念不相同者，則無法盡己之忠，故不為之執事（不相為謀）。亦即該等國君的理念（道）違背正道，從政者是要對於牟取私利的國君，先要以「危而持，顛而扶」的態度行事，如果不行，最後則要考量自己的能力可否居其位而辭職了（陳力就列，不能者止）。就像孔子面對於好財、色、軍事之國君則行（離去）。

3. 善道，死守：善道就是正道，在「志於道」而學習從政時，就要學習此正道，並且篤信正道。善道就是將個人之善（仁心），施行於外之言行（仁德），再推展為百姓之政策（仁政），謀求百姓最大的福祉。

㈡道之條文

表五十二：道之條文

項目	重點	條文
道	以道事君	季子然問：「仲由、冉求，可謂大臣與？」子曰：「吾以子為異之問，曾由與求之問？所謂大臣者，以道事君，不可則止；今由與求也，可謂具臣矣。」（11.22）

道	道不同，不相為謀	子曰：「道不同，不相為謀。」（15.40）
道	聚斂附益，鳴鼓而攻	季氏富於周公，而求也為之聚斂而附益之。子曰：「非吾徒也，小子鳴鼓而攻之，可也！」（11.17）
道	守死善道	子曰：「篤信好學，守死善道。危邦不入，亂邦不居，天下有道則見，無道則隱。邦有道，貧且賤焉，恥也，邦無道，富且貴焉，恥也。」（8.13）
道	知及之，仁不能守，雖得之，必失之	子曰：「知及之，仁不能守之；雖得之，必失之。知及之，仁能守之，不莊以涖之；則民不敬。知及之，仁能守之，莊以涖之，動之不以禮；未善也。」（15.33）

二、有道、無道

㈠有道、無道之應世

1.有道，正言、正行：有道就是國君行仁政，國家政治上軌道時，就要被見用、從政（穀）。是時，要正（危）言、正（危）行，外方內方，努力於政事之上。故邦國有道時，恥於未居官位（貧賤）無法貢獻心力。有道的應世人物，如為官（仕）者之南容及蘧伯玉，智（知）者之甯武子，正直（如矢）之史魚。

2.無道，正行、言遜：政治混亂時，（無道）時要正（危）行，言語謙遜，亦即外圓內方，言語要委婉，避免刑戮。又邦國無道時應恥於從政（祿）或居高位（貴富），乃未能「以道事君」或「不可則止」，故恥。無道的應世人物，擔任官職（仕）者之南容，愚者之甯武子，正直（如矢）之史魚，避世（卷而懷之）之蘧伯玉。

3.孔子應世之道，用之則行：孔子應世考量的重點在於能否施行（用）仁政為原則，就是以百姓福祉為優先，而非邦國有道、無道，也不是個人利害為考量，所以孔子是「用之則行」。「用之則行」是以能施展抱負為原則，顯見孔子對於自己從政能力之自負，及對於天下百姓為優先考量的仁心。

4.危邦、亂邦，不入、不居：對於危邦、亂邦的應對方法，不要進入危險的邦國；不要居住混亂的邦國。固然君子謀道為己任，但是危、亂表示已經無法施展抱負，而且已經威脅到「生命」了，以道為職志而不入、不居。然士之見危致命，是因為士的抱負（任務）因而應對之態度。

㈡有道、無道之應世條文

表五十三：有道、無道之應世條文

項目	重點	條文
不廢	免於刑戮	子謂南容，「邦有道，不廢，邦無道，免於刑戮。」以其兄之子妻之。（5.2）
知	愚	子曰：「甯武子邦有道則知，邦無道則愚。其知可及也；其愚不可及也。」（5.21）
見恥貧賤	隱恥富貴	子曰：「篤信好學，守死善道。危邦不入，亂邦不居，天下有道則見，無道則隱。邦有道，貧且賤焉，恥也，邦無道，富且貴焉，恥也。」（8.13）
穀	穀（恥）	憲問恥。子曰：「邦有道，穀；邦無道，穀；恥也。」「克、伐、怨、欲，不行焉，可以為仁矣？」子曰：「可以為難矣，仁則吾不知也。」（14.1）
危言危行	危行言遜	子曰：「邦有道，危言危行；邦無道，危行言孫。」（14.3）

矢（史魚） 仕（蘧伯玉）	矢（史魚） 卷而懷之（蘧伯玉）	子曰：「直哉史魚！邦有道，如矢；邦無道，如矢。君子哉蘧伯玉！邦有道，則仕；邦無道，則可卷而懷之。」（15.7）
（孔子） 丘不與易也		長沮、桀溺耦而耕。孔子過之，使子路問津焉。長沮曰：「夫執輿者為誰？」子路曰：「為孔丘。」曰：「是魯孔丘與？」曰：「是也。」曰：「是知津矣！」問於桀溺，桀溺曰：「子為誰？」曰：「為仲由。」曰：「是魯孔丘之徒與？」對曰：「然。」曰：「滔滔者，天下皆是也，而誰以易之？且而與其從辟人之士也，豈若從辟世之士哉？」耰而不輟。子路行以告，夫子憮然曰：「鳥獸不可與同群！吾非斯人之徒與而誰與？天下有道，丘不與易也。」（18.6）
（孔子） 用之則行 舍之則藏		子謂顏淵曰：「用之則行，舍之則藏，惟我與爾有是夫。」子路曰：「子行三軍，則誰與？」子曰：「暴虎馮河，死而不悔者，吾不與也。必也臨事而懼，好謀而成者也。」（7.11）

第三章　君子

孔子曰：「聖人，吾不得而見之矣；得見君子者，斯可矣。」君子是《論語》行仁的代表人物，孔子學生也稱孔子是君子，而君子是貴族階級，或為國君或大臣。

孔子謂「君子修己以敬，修己安人，修己安百姓」，表示君子先要修養於內，再施展於外，由個人內心之敬到百姓之安，也就是先修養個人之仁心（敬），再施展到從政之仁政（安百姓），也代表孔子內聖（仁）外王之論點。

第一節　君子

子曰：「君子義以為質，禮以行之，孫以出之，信以成之；君子哉！」（15.18）

（中庸：義者宜也）

子貢稱「夫子自道」之君子道者三，乃「仁者不憂、知者不惑、勇者不懼」。顯見一是「孔子乃君子」，二則「君子乃仁者、知者、勇者，具有智、仁、勇三達德於一身」。

另孔子四十而不惑、五十知天命而不憂、不懼。

一、君子之志業（從政）

君子為參（為）政者（君子擔任管理、統治者）。

㈠個人心懷方面，求仁

因有求仁的理想，所追求的是仁而不是富貴，因而不會貪戀身外物，故而君子不會擔憂有沒有官位（外在），而是（內在）有無所立之仁的志業。

㈡個人志業方面，修己安百姓

君子志業從政（道）以安百姓。惟須由內而外，要先內修個人品德，再推展（外）於從政，先建立信譽使百姓信服，再勞動百姓，建立平和、安定的社會。

㈢舉人，舉賢才

君子舉薦人，是要推舉賢才（逸民），因為「舉直錯諸枉」，則「民服」，並且能使「枉者直」，所以孔子謂「舉善而教不能」。要舉薦人才，所以君子不會「以言舉人」，或「以言廢人」，重視實情。

㈣優先的施政策略方面，正名

君子從政要先從正名開始，因為名不正就沒有正當性，職務或身分沒有正當性，施政就沒有正當性（言不順），無法建立信譽，百姓不會信服而產生反效果（厲），政事則不會成功（事不成），典章制度無法確立（禮樂不興），百姓的（外在）行為無禮及（內心）無安（樂），就會沒有羞恥心而逃避刑罰（刑罰不中），嚴刑更致使廣大民眾不知所措（民無所措手足），所以正名是施政之本（道之以政，齊之以刑，民免而無恥）。

㈤大受方面，臨節不奪

曾子稱君子是可以「託六尺之孤、寄百里之命，臨大節不可奪」，能忠心輔佐幼年國君而不欺壓、寄託國家政事（命脈）而不竊取、面臨重大節操（關）而不被奪讓，都是在重大關頭保持節操，不會被名、位、利所奪取，亦即君子可「大受」之表現。

㈥個人實踐方面，從對待親、故舊開始

君子（或謂上位者）對待親族厚道，就會使百姓興起仁心，不遺棄故舊，百姓就不會刻薄無恥。如是，實踐時由內而外，由家族到故舊，由家人到友人，建立（仁）德的典範，民德歸厚矣。

㈦君子從政之條文

表五十四：君子從政之條文

項目	重點	條文
正名	名可言 言可行	子路曰：「衛君待子而為政，子將奚先？」子曰：「必也正名乎！」子路曰：「有是哉？子之迂也！奚

		其正？」子曰：「野哉，由也！君子於其所不知，蓋闕如也。名不正，則言不順；言不順，則事不成；事不成，則禮樂不興；禮樂不興，則刑罰不中；刑罰不中，則民無所措手足。故君子名之必可言也，言之必可行也。君子於其言，無所苟而已矣！」（13.3）
仕	行其（君臣）義	子路從而後，遇丈人，以杖荷蓧。子路問曰：「子見夫子乎？」丈人曰：「四體不勤，五穀不分，孰為夫子！」植其杖而芸。子路拱而立。止子路宿，殺雞為黍而食之，見其二子焉。明日，子路行以告。子曰：「隱者也。」使子路反見之。至，則行矣。子路曰：「不仕無義。長幼之節，不可廢也；君臣之義，如之何其廢之？欲潔其身，而亂大倫。君子之仕也，行其義也。道之不行，已知之矣！」（18.7）
安人	修己安人、安百姓	子路問君子。子曰：「修己以敬。」曰：「如斯而已乎？」曰：「修己以安人。」曰：「如斯而已乎？」曰：「修己以安百姓。修己以安百姓，堯舜其猶病諸。」（14.43）

舉人	不以言舉人，不以人廢言	子曰：「君子不以言舉人，不以人廢言。」（15.23）
位	不患無位，患所以立	子曰：「不患無位，患所以立；不患莫己知，求為可知也。」（4.14）
勞民	信後勞民	子夏曰：「君子信而後勞其民；未信，則以為厲己也。信而後諫；未信，則以為謗己也。」（19.10）
受命	托孤、寄命、臨大節	曾子曰：「可以託六尺之孤，可以寄百里之命，臨大節，而不可奪也，君子人與？君子人也。」（8.6）
民興於仁	篤親、不遺故舊	子曰：「恭而無禮則勞，慎而無禮則葸，勇而無禮則亂，直而無禮則絞。君子篤於親，則民興於仁。故舊不遺，則民不偷。」（8.2）
天下之惡	惡居下流	子貢曰：「紂之不善，不如是之甚也。是以君子惡居下流，天下之惡皆歸焉。」（19.20）
養民 使民	養民也惠，其使民也義	子謂子產，「有君子之道四焉：其行己也恭，其事上也敬，其養民也惠，其使民也義。」（5.16）

二、君子與道、義、仁之關係

㈠君子之於道，謀道

君子要能終身學習以謀求施展「道」，所謀取的不是個人財物、俸祿（食），而是攸關百姓福祉的仁政之道，所以君子憂慮道之不行而不是個人之貧賤。

㈡君子之風範，義、禮、遜、信

君子內在本質以義為依歸，當為而為、不當為而不為（義）；行之以禮，以禮來與人相處、行事；不會以對方大小或強弱而有傲慢，都表現出謙遜的樣子，依信成事，而君子的風範就是義、禮、遜、信。另君子是以故守正道（真）而不拘泥於小信。

㈢君子之於仁，欲仁得仁及無終食之間違仁

君子對於從政所追求的是仁政（百姓福祉），而不是個人富貴的貪念。君子隨時想要抱持著仁（心）（欲仁得仁），又在急迫（造次）或困頓（顛沛）時，都不會違棄仁，故稱君子無終食之間違仁（仁心、仁德、仁政），也才配稱為君子之名。

㈣君子道三，仁、知、勇

君子成德之道（或具有之德）就是仁、知、勇，然仁者安仁、知者利仁、仁者有勇，所以君子成德最重要的是「仁」。君子有理念（仁），智慧聰明（知人）、見義而為（勇）等具備了三達德。

㈤與道、義、仁關係之條文

表五十五：與道、義、仁關係之條文

項目	重點	條文
道	謀道、不謀食 憂道、不憂貧	子曰：「君子謀道不謀食；耕也，餒在其中矣；學也，祿在其中矣。君子憂道不憂貧。」（15.32）
道	學以致其道	子夏曰：「百工居肆以成其事；君子學以致其道。」（19.7）
義	依道義而行（義之於比）	子曰：「君子之於天下也，無適也，無莫也，義之於比。」（4.10）（適：敵；莫：幕。）
義	以義為本質	子曰：「君子義以為質，禮以行之，孫以出之，信以成之；君子哉！」（15.18）（中庸：義者宜也。）
貞	貞而不諒	子曰：「君子貞而不諒。」（15.37）
仁	欲仁而得仁（無怨）	子張問於孔子曰：「何如，斯可以從政矣？」子曰：「尊五美，屏四惡，斯可以從政矣。」子張曰：「何謂五美？」子曰：「君子惠而不費，勞而不怨，欲而不貪，

		泰而不驕，威而不猛。」子張曰：「何謂惠而不費？」子曰：「因民之所利而利之，斯不亦惠而不費乎？擇可勞而勞之，又誰怨！欲仁而得仁，又焉貪！君子無眾寡，無小大，無敢慢，斯不亦泰而不驕乎！君子正其衣冠，尊其瞻視，儼然人望而畏之，斯不亦威而不猛乎！」子張曰：「何謂四惡？」子曰：「不教而殺謂之虐，不戒視成謂之暴，慢令致期謂之賊；猶之與人也，出納之吝，謂之有司。」（20.2）
仁	無終食違仁	子曰：「富與貴，是人之所欲也；不以其道得之，不處也。貧與賤，是人之所惡也；不以其道得之，不去也。君子去仁，惡乎成名。君子無終食之間違仁，造次必於是，顛沛必於是。」（4.5）
仁知勇	君子道者三	子曰：「君子道者三，我無能焉：仁者不憂；知者不惑；勇者不懼。」子貢曰：「夫子自道也！」（14.29）

三、學習、自持、內省

㈠內省，不疚。君子內省而不疚，所以不憂不懼

君子憂道不憂貧，孔子所憂者是「德之不修，學之不講，聞義不能徙，不善不能

改」，君子所憂的是道、德、學、義、善等都非私利，所不憂的是自身利害的貧賤等，都是為公利並非私利，故而自省無所愧疚，因此無所懼、無所憂，當是仁者無憂、勇者無懼。

(二)修己，安人

君子要修養品德，以敬的態度用於事上、父母、祭祀（鬼神）、執事、行為、禮等方面，君子內心居敬（懷仁）則言行品德無所缺失（敬而無失）。修己之目的是要「安人」、「安百姓」，使群眾、百姓安居樂業。此目的亦如「聖人之博施、濟眾」（堯舜猶病），亦如孔子的志願「老者安之」。修己安人，是由君子內在的仁心、仁德（敬）施展於外仁政而使百姓安居樂業，就是孔子所謂「仁」的一貫之道。

(三)九思，君子自我省察之道

由觀察、表達來自我省思（察），觀察方面有視思明、見得思義、聽思聰；表達方面有言思忠、疑思問、色思溫、貌思恭、忿思難、事思敬。

1.視思明，觀察要明智思量：觀察時要保持明智，不要受到如滴水般的讒言、切身（膚）般的控訴而影響判斷，故而觀察要保持明白、清楚的「明」。

2.聽思聰，聽聞要省察明白：聽聞時不要誤信巧言、道聽，要能省察明白其間道理，故而君子不以言舉人，不以人廢言。

3.色思溫，容色神情要省察溫和：神情表現個人的心境，溫和的神情代表平靜、平和的心情，使人感到親切易於接近，如孔子「溫而厲」。

4.貌思恭，容貌態度要省察謙恭：恭是一種身體語言表現，態度要謙恭而不可過與不及，如恭近於禮則遠恥辱，但是「足恭」則被孔子所恥。故君子行以恭。

5.言思忠，言語要省察誠實（忠）：忠是誠實的面對自己，君子以忠事君、待友、謀事等，都是以誠實的態度，由內之忠發於外之忠。但需注意是邦有道則危言、邦無道則言遜，表達方式要能因應環境而改變。

6.事思敬，執事要省察敬業（認真）：敬是內在的心態，執行事務時要能敬業、認真，故而君子「修己以敬」，是從內在的敬來修練自我，再施於外者就是孔子所稱「執事敬」的仁（德）。

7.疑思問，懷疑要省察詢問：孔子入太廟每事問是禮，但學干祿時要子張多聞闕疑，故有所疑問時要省察發問的時機、問法等。

8.忿思難，忿戾要省察後果（難）：忿戾則易怒而爭，必定傷人、傷己。故有忿心時要先省察到其結果，如果知道會產生不好的結果（難），應稍可以平息忿心。

9.見得思義，見到好處利益要省察是否合乎義：面對好處、利益（得）的取捨，就是君子、小人的分際。君子義以為質、喻於義，小人喻於利。又放於利而行，多怨。

㈣不器、自持

不為小道、不可不重，君子自持（自我期許）。君子以行仁政為己任，故而不為小道，恐致遠則滯塞（泥）；以通才自許而不專限於一技（不器）；自我期許甚高（重），遂正衣冠、尊瞻視而威，學則不固陋。另君子有理念而自持，故而不諒、不黨、不比、不周、不驕、不慍。

㈤學習、自持、內省

表五十六：學習、自持、內省之條文

項目	重點	條文
內省	不疚、不憂、不懼	司馬牛問君子。子曰：「君子不憂不懼。」曰：「不憂不懼，斯謂之君子矣乎？」子曰：「內省不疚，夫何憂何懼？」（12.4）
九思	視、聽、色、貌、言、事、疑、忿、見	孔子曰：「君子有九思：視思明，聽思聰，色思溫，貌思恭，言思忠，事思敬，疑思問，忿思難，見得思義。」（16.10）

修己（養）	修己以敬、安百姓	子路問君子。子曰：「修己以敬。」曰：「如斯而已乎？」曰：「修己以安人。」曰：「如斯而已乎？」曰：「修己以安百姓。修己以安百姓，堯舜其猶病諸。」（14.43）
重	不重則不威，學則不固	子曰：「君子不重則不威，學則不固。主忠信。無友不如己者。過則勿憚改。」（1.8）
弗畔	博學於文 約之以禮	子曰：「君子博學於文，約之以禮，亦可以弗畔矣夫！」（6.27）
不器	不器	子曰：「君子不器。」（2.12）
不為小道	致遠恐泥	子夏曰：「雖小道，必有可觀者焉；致遠恐泥，是以君子不為也。」（19.4）
不慍	人不知而不慍	子曰：「學而時習之，不亦說乎？有朋自遠方來，不亦樂乎？人不知而不慍，不亦君子乎？」（1.1）
無爭	無所爭	子曰：「君子無所爭。必也射乎！揖讓而升，下而飲。其爭也君子。」（3.7）

矜	矜而不爭 群而不黨	子曰：「君子矜而不爭，群而不黨。」（15.22）
周急	不繼富	子華使於齊，冉子為其母請粟。子曰：「與之釜。」請益。曰：「與之庾。」冉子與之粟五秉。子曰：「赤之適齊也，乘肥馬，衣輕裘。吾聞之也：君子周急不繼富。」（6.4）

第二節　君子之言語、行為（含態度）

一、言語、行為

㈠言語、行為（含態度）之意義

1.言語方面，孫以出之、出辭氣：君子言語謙遜（孫以出之）、言語聲音爽朗和順（出辭氣），聽起來有些實在、單調、嚴肅（厲）。君子恥於言過其行，及言語要避免尚未發言而言的急躁、該言語而不言的隱瞞、未見對方顏色而言的瞽等三種缺失，又厭惡稱說人之惡、誹謗（訕）上位者（六種厭惡之二），所以君子希望言語要保守（訥）。另孔子謂「不知言，無以知人」，故知人可由言語得知，不可不慎。

2.容貌方面，君子儼然、溫、厲：子夏曰：「君子有三變：望之儼然；即之也溫；聽其言也厲」，君子正其衣冠，尊其瞻視，由遠望而威、猛（儼）而畏；容色、神色端正而似忠信，近之而和順（溫）；接觸（聽其言）而實在、單調、嚴厲（厲）。君子因為自身修養，由遠、近、接觸而給人不同的感受。另孔子「溫而厲，威而不猛，恭而安」，也都有多種層次的感受，都有如國君之形象。

3. 文質方面，君子文質彬彬：君子先天的資質樸實，又敏而好學、博學於文，文質相互匀融，故而文質彬彬。君子行之以禮、孫以出之等都是文質彬彬的表現。

㈡言語、行為之條文

表五十七：言語、行為之條文

項目	重點	條文
言	訥於言	子曰：「君子欲訥於言，而敏於行。」（4.24）（參：子曰：「剛、毅、木訥，近仁。」）
言	恥言過其行	子曰：「君子恥其言而過其行。」（14.28）
言	恥躬之不逮	子曰：「古者言之不出，恥躬之不逮也。」（4.22）
出	孫以出之	子曰：「君子義以為質，禮以行之，孫以出之，信以成之；君子哉！」（15.18）

言	躁、隱、瞽（三愆）	孔子曰：「侍於君子有三愆：言未及之而言謂之躁；言及之而不言謂之隱；未見顏色而言謂之瞽。」（16.6）
訕	惡稱人惡 惡訕上	子貢曰：「君子亦有惡乎？」子曰：「有惡。惡稱人之惡者，惡居下流而訕上者，惡勇而無禮者，惡果敢而窒者。」曰：「賜也亦有惡乎？」「惡徼以為知者，惡不孫以為勇者，惡訐以為直者。」（17.22）
聽	望之儼然；即之溫； 聽其言厲	子夏曰：「君子有三變：望之儼然；即之也溫；聽其言也厲。」（19.9）
容貌 顏色 辭氣	容貌動（莊重） 顏色正（端正） 辭氣出（和順）	曾子有疾，孟敬子問之。曾子言曰：「鳥之將死，其鳴也哀；人之將死，其言也善。君子所貴乎道者三：動容貌，斯遠暴慢矣；正顏色，斯近信矣；出辭氣，斯遠鄙倍矣。籩豆之事，則有司存。」（8.4）
泰、儼、 威	泰而不驕 儼然而畏 威而不猛	子張問於孔子曰：「何如斯可以從政矣？」子曰：「尊五美，屏四惡，斯可以從政矣。」子張曰：「何謂五美？」子曰：「君子惠而不費，勞而不怨，欲而不貪，泰而不驕，威而不猛。」子張曰：「何謂惠而不

		費？」子曰：「因民之所利而利之，斯不亦惠而不費乎？擇可勞而勞之，又誰怨！欲仁而得仁，又焉貪！君子無眾寡，無小大，無敢慢，斯不亦泰而不驕乎！君子正其衣冠，尊其瞻視，儼然人望而畏之，斯不亦威而不猛乎！」子張曰：「何謂四惡？」子曰：「不教而殺謂之虐，不戒視成謂之暴，猶之與人也，出納之吝，謂之有司。」（20.2）
文質	文質彬彬	子曰：「質勝文則野，文勝質則史。文質彬彬，然後君子。」（6.18）
質	文猶質也，質猶文也	棘子成曰：「君子質而已矣，何以文為？」子貢曰：「惜乎，夫子之說君子也，駟不及舌！文猶質也，質猶文也；虎豹之鞟，猶犬羊之鞟。」（12.8）
文	敏而好學，不恥下問	子貢問曰：「孔文子何以謂之文也？」子曰：「敏而好學，不恥下問，是以謂之文也。」（5.15）

二、君子之患與不患

(一)自我覺知方面，患己不能所以立，不患不己知

君子患己不能所以立，不患不己知、無位。君子擔心自己沒有才能，而不擔心不被人知道、沒有職位。顯見君子由要求自我開始，故君子先修己再安人、先孝慈再為國盡忠、內聖（仁）外王。

㈡面對富貴貧賤方面，依其道（義）

君子義以為質，見得思義，故依義行事。面對富貴、貧賤時，君子不以其道（正確的方法、途徑）得到富貴而不占有（處）富貴，另不以其道（正確的方法、途徑）得（受）到貧賤而不排除（去）貧賤，故富貴、貧賤的取捨是依據「取得之道」，取得之道要符合義的標準。故而孔子說「不義而富且貴，於我如浮雲」。

㈢對於方法方面

君子堅持於做事的方法要能符合仁的要求，所以君子在急迫、顛沛困頓時，不會片刻離開仁的原則。（另君子就是仁者）

㈣憂患與不憂患之條文

表五十八：憂患與不憂患之條文

患	不患	條文
患其不能	人之不己知	子曰：「不患人之不己知，患其不能也。」（14.31）

患不知人	人之不己知	子曰：「不患人之不己知，患不知人也。」（1.16）
患所以立	不患無位 不患莫己知	子曰：「不患無位，患所以立；不患莫己知，求為可知也。」（4.14）
病無能	不病不知己	子曰：「君子病無能焉，不病人之不己知也。」（15.19）
可逝（往） 可欺	不可陷（害） 不可罔（迷惑）	宰我問曰：「仁者，雖告之曰，『井有仁焉。』其從之也？」子曰：「何為其然也？君子可逝也，不可陷也；可欺也，不可罔也。」（6.26）
依道得富貴	不依道不處富貴、不去貧賤	子曰：「富與貴，是人之所欲也；不以其道得之，不處也。貧與賤，是人之惡也；不以其道得之，不去也。君子去仁，惡乎成名。君子無終食之間違仁，造次必於是，顛沛必於是。」（4.5）

三、君子有九思、三誡、三愆、三變、三畏、三貴

(一)九思、三誡、三愆、三變、三畏、三貴之條文（另道三、道四）

1. 九思，君子自我省察之道：由觀察、表達來自我省思（察），觀察方面有視思明、見得思義、聽思聰；表達則有言思忠、疑思問、色思溫、貌思恭、忿思難、事思敬。

2.三戒，血氣三階段之誡：依據血氣之未定、剛、衰而需注意或防範的色、鬪、得，顯見生理影響心理需求，惟《論語》並無進一步探討。

3.三愆，言語之失：言語的表達關係依個人的內在、外在不同，故而對於言語的時間、內容、機緣等都需要注意。

4.三變，形貌之變：君子由遠（望）、（接）近、接觸（言語）的感受都不相同，君子有儼然、溫、厲等國君的形貌。

5.三畏，不知之畏：天命不言、大人（上位）難測、聖人深遠（難明），都是不可預知而只可承受者，故以敬畏事之。

6.三貴，注重形象：容貌、顏色、言語（辭氣）都是直接表達於外之形貌，也可以建立君子的形象。

㈡九思、三誡、三愆、三變、三畏、三貴之條文

表五十九：九思、三誡、三愆、三變、三畏、三貴之條文

項目	重點	條文
九思	視思明、聽思聰	孔子曰：「君子有九思：視思明，聽思聰，色思溫，

	色思溫、貌思恭 言思忠、事思敬 疑思問、忿思難 見得思義	貌思恭，言思忠，事思敬，疑思問，忿思難，見得思義。」（16.10）
三戒	少戒色（血氣未定） 壯戒鬥（血氣方剛） 老戒得（血氣既衰）	孔子曰：「君子有三戒；少之時，血氣未定，戒之在色；及其壯也，血氣方剛，戒之在鬥；及其老也，血氣既衰，戒之在得。」（16.7）
三愆	躁，言未及之而言 隱，言及之而不言 瞽，未見顏色而言	孔子曰：「侍於君子有三愆：言未及之而言謂之躁；言及之而不言謂之隱；未見顏色而言謂之瞽。」（16.6）
三變	望之儼然，即之也溫， 聽其言也厲	子夏曰：「君子有三變：望之儼然；即之也溫；聽其言也厲。」（19.9）
三畏	畏天命 畏大人 畏聖人之言	孔子曰：「君子有三畏：畏天命，畏大人，畏聖人之言。小人不知天命而不畏也，狎大人，侮聖人之言。」（16.8）

曾子有疾，孟敬子問之。曾子言曰：「鳥之將死，其鳴也哀；人之將死，其言也善。君子所貴乎道者三：動容貌，斯遠暴慢矣；正顏色，斯近信矣；出辭氣，斯遠鄙倍矣。籩豆之事，則有司存。」（8.4）

三貴	動容貌（遠暴慢） 正顏色（近信） 出辭氣（遠鄙倍）

第三節　君子與小人之比較

一、君子與小人之比較（含女子）

㈠責任感方面

君子與小人最大的差別，君子對自己負責，以義（宜）、德（中庸）要求自己，避免有勇無義而為亂，所以往上進步（上達），可以引領風尚（德之風）；小人要求別人，處處考慮（量）「利（惠）」，如果有勇而無義而為盜匪，所以往下沉淪（下達）。

㈡在心理方面

君子自我要求，沒有私心，心胸坦蕩蕩而安泰，有過失及知過則改，也不會遮掩，所以大家都看的到。小人要求別人，所以心理長戚戚而驕傲，有過失會去掩飾（文）。

㈢為政方面

君子一視同仁（周），不會過於親近（比肩而成派（黨）），避免過於親近而不謙遜，或使在疏遠時而會引起抱怨，但是有成全別人的美德；對於政事會協調（和）而不隨便附和（同），所以較容易服事而難以討好（說）；小人反之。

㈣學習從政方面

君子學習從政就愛護眾人（仁），不可以被藐視（小知），而可以授予重大任務；小人學習從政後就容易沒有原則（易使），可以不予重視（小知），而不能授予重大工作。

㈤畏懼方面

君子畏懼天命、大人、聖人之言，而小人不知道天命，不尊重或輕藐上位者（天子、諸侯），不瞭解聖人之言。小人因為無知而不畏懼，因為天命、大人、聖人言都會引發不可測的結果（不畏因）。

㈥容貌方面

君子衣冠整齊（正），神情安泰而莊重，但是見面時會讓人有些畏懼，就是威嚴而不兇猛，言語時會先考量忠誠（言思忠）；小人容貌很嚴厲的樣子，但是內心怯弱（色厲內荏），好似賊盜。

㈦君子與小人之條文

表六十：君子與小人之條文

君子	小人	《論語》章節
求諸己	求諸人	子曰：「君子求諸己；小人求諸人。」（15.21）
坦蕩蕩	長戚戚	子曰：「君子坦蕩蕩，小人長戚戚。」（7.37）
喻於義	喻於利	子曰：「君子喻於義，小人喻於利。」（4.16）
懷德、刑	懷土、惠	子曰：「君子懷德，小人懷土；君子懷刑，小人懷惠。」（4.11）
泰而不驕	驕而不泰	子曰：「君子泰而不驕；小人驕而不泰。」（13.26）
上達	下達	子曰：「君子上達；小人下達。」（14.23）
和而不同	同而不和	子曰：「君子和而不同；小人同而不和。」（13.23）（和：和諧；同：差異。註：為政方面。）
周而不比	比而不周	子曰：「君子周而不比，小人比而不周。」（2.14）（周：周延、周濟；比：比肩、勾結（黨）。註：為政方面。）

德之風	德之草	季康子問政於孔子曰：「如殺無道，以就有道，何如？」孔子對曰：「子為政，焉用殺？子欲善，而民善矣！君子之德風；小人之德草；草上之風必偃。」（12.19）
易事而難說	難事而易說	子曰：「君子易事而難說也：說之不以道，不說也；及其使人也，器之。小人難事而易說也；說之雖不以道，說也；及其使人也，求備焉。」（13.25）
不仁者有矣	未有仁者	子曰：「君子而不仁者有矣夫？未有小人而仁者也！」（14.6）
學道則愛人	學道則易使	子之武城，聞弦歌之聲，夫子莞爾而笑曰：「割雞焉用牛刀？」子游對曰：「昔者，偃也聞諸夫子曰：『君子學道則愛人；小人學道則易使也。』」子曰：「二三子！偃之言是也；前言戲之耳！」（17.3）
不可小知而可大受	不可大受而可小知	子曰：「君子不可小知，而可大受也；小人不可大受，而可小知也。」（15.34）

成人之美，不成人之惡	小人反是	子曰：「君子成人之美，不成人之惡；小人反是。」（12.16）
有三畏	不畏（不知天命）	孔子曰：「君子有三畏：畏天命，畏大人，畏聖人之言。小人不知天命而不畏也，狎大人，侮聖人之言。」（16.8）
有勇而無義為亂	有勇而無義為盜	子路曰：「君子尚勇乎？」子曰：「君子義以為上。君子有勇而無義為亂，小人有勇而無義為盜。」（17.21）
君子儒	小人儒	子謂子夏曰：「女為君子儒！無為小人儒！」（6.13）
人皆見之，更也，人皆仰之	必文過	1. 子貢曰：「君子之過也，如日月之食焉。過也，人皆見之；更也，人皆仰之。」（19.21） 2. 子夏曰：「小人之過也必文。」（19.8）
儼然望而畏	色厲而內荏	1. 子張問於孔子曰：「何如斯可以從政矣？」子曰：「尊五美，屏四惡，斯可以從政矣。」……「君子正其衣冠，尊其瞻視，儼然人望而畏之，斯不亦威而不猛乎！」（20.2）

		2. 子曰：「色厲而內荏，譬諸小人，其猶穿窬之盜也與！」（17.10）
君子不黨	近之則不孫，遠之則怨	子曰：「唯女子與小人為難養也！近之則不孫，遠之則怨。」（17.23）
言思忠（敏於行）	言必信，行必果	1. 孔子曰：「君子有九思……言思忠，事思敬，疑思問，忿思難，見得思義。」（16.10） 2. 子貢問曰：「何如斯可謂之士矣？」子曰：「言必信，行必果；硜硜然小人哉！抑亦可以為次矣。」（13.20）

二、君子素描

君子的形象如下：

(一)外表

文質彬彬、容貌動（莊重）、顏色正（端正）、辭氣出（語音爽朗和順）、言語訥、望之儼然、即之溫、聽其言厲。

(二)態度

坦蕩蕩、矜（莊敬自重）、泰（不驕）、儼（畏）、威（不猛）。

㈢內在

內省、九思、憂道不憂貧、不掩過、無終食間違仁、求諸己。

㈣從政（對百姓）

舉賢才重實情（不以言舉人，不以人廢言）、尊五美（利民、擇勞）、屏四惡（不教、不戒、慢令、吝出）、安百姓。

第四節　士

《論語》中的士有二種形象，一是讀書人，志於從政（道），行仁為己任。另一是俠士，如見危致命、殺身成仁，不顧性命；喪思哀、祭思敬，對於死後之事特別哀、敬；又不懷居、不恥惡衣惡食者，不顧家室、衣食生計；再使於四方，不辱君命，一定要完成國君之使命。如是，可以拼成《史記．刺客列傳》中之俠士，如荊軻般的形象。

一、士

㈠士之意義

1.士的特質：士「質直好義、見得思義、見危致命」，有義、直、勇的特質，能知恥而行（行己有恥），心胸寬弘、意志堅毅（弘毅）。在禮方面，祭祀能省思以敬，喪禮時能省思以哀。

2.士的習性：衣、食、住方面，士應不在乎生活條件的好壞（懷居、恥惡衣惡食）；對外，能夠察言觀色，心存謙讓，對朋友兄弟能相互切蹉、勉勵、親切和順（切切、偲偲、怡怡）的特質。

3.士的志業：士志於道（從政），以行仁（百姓福祉）為己任，能出使到國外而不辱沒國君的使命。士的志業責任重大、長遠，願意殺身成仁，不願為求生而害仁，並且願意承擔責任到死為止，又在危難時能奉獻生命（見危致命）。好似《漢書．遊俠列傳》中之俠。

4.士之次者，鄉黨稱孝弟者、小人、器小者：士之次者，鄉黨稱孝弟者，在家鄉、家族內被稱許孝順、友愛兄弟者。孝、弟是仁心、仁德的初步，而士已是「仁為己任」及有「恥、義、信」等，故而次之。小人之品德只有「信」，而不會通權達變（非中庸），故又次之。更不足論的是「器小」的「斗筲之人」。

(二)士之條文

表六十一：士之條文

項目	重點	條文
士	行己有恥 不辱君命	子貢問曰：「何如斯可謂之士矣？」子曰：「行己有恥；使於四方，不辱君命；可謂士矣。」曰：「敢問其次？」曰：「宗族稱孝焉，鄉黨稱弟焉。」曰：「敢問其次？」曰：「言必信，行必果；硜硜然小人哉！抑亦可以為次矣。」曰：「今之從政者何如？」子曰：「噫！斗筲之人，何足算也！」（13.20）
士	志於道	子曰：「士志於道，而恥惡衣惡食者，未足與議也！」（4.9）
士	不懷居	子曰：「士而懷居，不足以為士矣！」（14.2）
士	切切、偲偲、怡怡如也	子路問曰：「何如斯可謂之士矣？」子曰：「切切、偲偲、怡怡如也，可謂士矣。朋友切切、偲偲，兄弟怡怡。」（13.28）
士	仁為己任	曾子曰：「士，不可以不弘毅，任重而道遠。仁以為己任，不亦重乎，死而後已，不亦遠乎。」（8.7）

士	見危致命、見得思義 祭思敬、喪思哀	子張曰：「士見危致命，見得思義，祭思敬，喪思哀，其可已矣。」（19.1）
士	質直好義，察言觀色。慮以下人	子張問：「士何如斯可謂之達矣？」子曰：「何哉？爾所謂達者！」子張對曰：「在邦必聞，在家必聞。」子曰：「是聞也，非達也。夫達也者，質直而好義，察言而觀色，慮以下人；在邦必達，在家必達。夫聞也者，色取仁而行違，居之不疑；在邦必聞，在家必聞。」（12.20）
志士	殺身成仁	子曰：「志士仁人，無求生以害仁，有殺身以成仁。」（15.9）
士之次	孝弟者、小人	子貢問曰：「何如斯可謂之士矣？」子曰：「行己有恥；使於四方，不辱君命；可謂士矣。」曰：「敢問其次？」曰：「宗族稱孝焉，鄉黨稱弟焉。」曰：「敢問其次？」曰：「言必信，行必果；硜硜然小人哉！抑亦可以為次矣。」曰：「今之從政者何如？」子曰：「噫！斗筲之人，何足算也！」（13.20）

二、君子與士之比較

二者追求的都是百姓福祉（仁），但是方法（道）、格局上有所不同。

㈠質

士是正直、爽直；君子則以義為質，其外表文質彬彬。

㈡義

士好義，乃以義氣為重；君子則以大義為重。

㈢仁

士以仁（百姓福祉）為己任，有殺身成仁之勇氣，故能受君命使於四方而不辱使命；君子欲仁得仁，順境、逆境都依仁行事，故而不憂不懼。

㈣道、士志於道（仁政）

追求百姓福祉因而任重道遠，亦以道為己任故而不在意於衣、食、居；君子學而致其道（仁政），從政謀取百姓福祉而非富貴，故而不憂貧。

㈤省察、行為

士見得思義，行己有恥，會察言觀色、慮以下人；君子坦蕩蕩，九思（含見得思義）。在態度上不驕、不慍；在（職）位上不黨、不比、不周。

㈥君子與士之比較表

表六十二：君子與士之比較表

項目	重點	條文
質	質直	文質彬彬、君子義以為質。
義	好義	1. 君子義以為質、君子喻於義。 2. 君子之於天下也，無適也，無莫也，義之於比。
仁	仁以為己任、志士仁人無求生以害仁，有殺身以成仁	1. 欲仁而得仁。 2. 君子無終食之間違仁，造次必於是，顛沛必於是。 3. 君子道三，仁者、知者、勇者。
胸懷	不可以不弘毅	不器、不為小道、不可不重、貞而不諒、不患無位，患所以立。
任務	任重而道遠	大受、可以託六尺之孤，可以寄百里之命，臨大節，而不可奪也。
志願	士志於道	君子謀道不謀食、君子學以致其道。
友	切切、偲偲、怡怡（切磋、和順）	無友不如己者。

禮	祭思敬、喪思哀	禮以行之。
省察	見得思義	坦蕩蕩、九思（視思明、聽思聰、色思溫、貌思恭、言思忠、事思敬、疑思問、忿思難、見得思義）。
貧	恥惡衣惡食者，未足與議也 士而懷居，不足以為士矣	不憂貧不以其道得之，不處也。貧與賤，不以其道得之，不去也。
態度	察言觀色、慮以下人	1. 動容貌、正顏色、出辭氣。 2. 望之儼然；即之也溫；聽其言也厲。
生命	見危致命	1. 君子不憂不懼。 2. 君子道三，仁者、知者、勇者。
達	在邦必達，在家必達	1. 不患無位，患所以立。 2. 惡居下流。
恥	行己有恥	不黨、不比、不周、不驕、不慍。
君命	使於四方，不辱君命	君子之仕也，行其義也；可以託六尺之孤，可以寄百里之命，臨大節，而不可奪也，可大受（任務）。

第三篇

典範（孔子）

第一章　概論

《論語》述說孔子行為，當然就是典範人物，由孔子自述的十五志於學的成長過程中，歸納出其是仁者、聖人、君子。

第一節　孔子之成長

子曰：「吾十有五而志於學，三十而立，四十而不惑，五十而知天命，六十而耳順，七十而從心所欲，不踰矩。」依據孔子自述成長過程，並引述《論語》中相關解說，綜合如下：（見圖一）

一、仁者、勇者：孔子四十「不惑」是智者、五十「知天命」而不憂、不懼乃是仁者、勇者。

二、聖人：孔子七十「從心所欲，不踰矩」，其行合乎中庸（至德）；子夏謂君子（行仁）之道，「有始有卒者，其惟聖人乎！」孔子至德且有始有卒，故學生稱之聖人。

三、無過：孔子七十「不踰矩」乃無過，亦無小過，而又謂「五十以學易，可以無大過矣」。

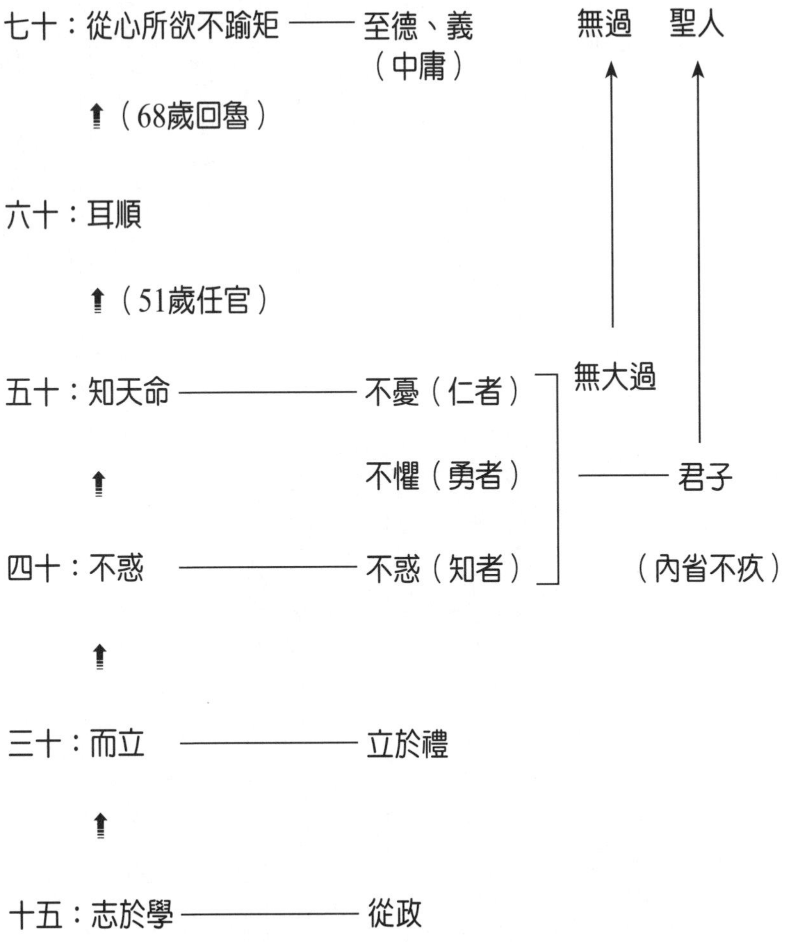

圖一　孔子之成長過程——仁者、勇者、聖人與無過

第二節　孔子是君子

子貢明白的說出孔子就如君子般的不憂、不惑、不懼，又在仁、知命、上達等方面，孔子就如君子般的行仁、知命、上達（天）。

一、不憂、不惑、不懼方面

子貢稱老師孔子就如君子般的不憂、不惑、不懼，又君子是「不憂不懼」。二者都是「內省不疚」，因而不憂、不惑、不懼。（子曰：「君子道者三，我無能焉：仁者不憂；知者不惑；勇者不懼。」子貢曰：「夫子自道也！」）

二、仁方面

孔子曾說「仁遠乎哉？我欲仁，斯仁至矣」，乃欲仁仁至；君子「無終食之間違仁，造次必於是，顛沛必於是」。二者都是仁的實踐者。

三、知命方面

孔子「五十而知天命」；而君子是「不知命，無以為君子也」。二者都知命。

四、上達（天）方面

孔子自道「不怨天，不尤人；下學而上達。知我者，其天乎」，其上達於天；而「君子上達，小人下達」。二者都上達於天。

第二章　價值觀（從政、貧富）

從個人的言行中可以瞭解其價值觀，所以歸納孔子之志、學、道、從政、行道等知悉其價值觀。

第一節　志、學、道

一、志願（希望）

㈠孔子之志

1.志，於道：孔子志於行仁之道（從政）。孔子十五志於學，而學之目的就是仕，故所謂學優則仕，在治理百姓時能行仁政，故志於道就是內聖（仁）外王，將內在之仁心表現於外之仁德，再施展成仁政，終以百姓福祉為依歸。

2.志願，老者安之，朋友信之，少者懷之：老者、少者、朋友是家庭、社會中三個層次，在家庭能安養、照顧，在社會中有誠信，表示達到足食、民信的民安，也是孔子論「政」之目標（足食、足兵、民信）。

㈡**孔子之志之條文**

表六十三：孔子之志之條文

項目	重點	條文
志	志於道	子曰：「志於道，據於德，依於仁，游於藝。」（7.6）
志	老者安之，朋友信之，少者懷之	顏淵、季路侍。子曰：「盍各言爾志？」子路曰：「願車馬、衣輕裘，與朋友共，蔽之而無憾。」顏淵曰：「願無伐善，無施勞。」子路曰：「願聞子之志。」子曰：「老者安之，朋友信之，少者懷之。」（5.26）

二、學（為政之準備）

(一)學之內涵

1.多能，多才多藝：孔子謂其年少時貧困（賤）故能有多項技能（多能），或因為未被重用而多才多藝，亦因為被限制而游於藝。然其後所稱君子不需要多種才藝，固然君子不器、不為小道（致遠恐泥），概以要回歸該時期環境（階級制）來考量。

2.學，不厭：孔子自稱「何難」於「學而不厭，誨人不倦」，及不敢稱「聖與仁」而謂「抑為之不厭，誨人不倦」，故孔子重視（不厭）「學、誨」，學無止境及傳道（仁）於人。

3.好學，就有道而正焉：好學是能向有道（仁德）者來辨正自己的言行，如是，將有仁德者視為良師益友，能在實際的言行中修練自己。

4.好學之作用，忘食、忘憂、忘老：孔子十五志於學，瞭解到「思無益」而不如學，且體會學而時習之悅，故自許鄉黨之中不如丘之好學，且發憤忘食，不知老之將至。

㈡學之條文

表六十四：學之條文

項目	重點	條文
多能	少也賤，故多能鄙事	大宰問於子貢曰：「夫子聖者與！何其多能也？」子貢曰：「固天縱之將聖，又多能也。」子聞之曰：「大宰知我乎！吾少也賤，故多能鄙事。君子多乎哉？不多也！」（9.6）
不試	藝	牢曰：「子云，『吾不試，故藝。』」（9.7）
學	志於學（十五）	子曰：「吾十有五而志於學，三十而立，四十而不惑，五十而知天命，六十而耳順，七十而從心所欲，不踰矩。」（2.4）

學	思無益不如學	子曰：「吾嘗終日不食，終夜不寢，以思；無益，不如學也。」（15.31）
學	學而時習	子曰：「學而時習之，不亦說乎？有朋自遠方來，不亦樂乎？人不知而不慍，不亦君子乎？」（1.1）
好學	就有道而正焉	子曰：「君子食無求飽，居無求安，敏於事而慎於言，就有道而正焉，可謂好學也已。」（1.14）
好學	不如丘之好學也	子曰：「十室之邑，必有忠信如丘者焉，不如丘之好學也。」（5.28）
發憤（學）	忘食、忘憂、忘老	葉公問孔子於子路，子路不對。子曰：「女奚不曰，其為人也，發憤忘食，樂以忘憂，不知老之將至云爾。」（7.19）
誨不倦	為之不厭，誨人不倦	子曰：「若聖與仁，則吾豈敢？抑為之不厭，誨人不倦，則可謂云爾已矣。」公西華曰：「正唯弟子不能學也。」（7.34）
學	學而不厭，誨人不倦	子曰：「默而識之，學而不厭，誨人不倦，何有於我哉？」（7.2）

三、道

㈠孔子之道（一以貫之）乃指「行仁政」的「行仁之道」

1.孔子之道，是「行仁之道」：曾子所謂「一以貫之」是「忠恕」，所謂「忠恕」，忠是對上「事君以忠」、「與人忠」，恕是對下「己所不欲，勿施於人」，恕是同理心，要能因民所利而利之、擇可勞而勞之、使民以時、教民等，都是以「從政」的立場說明，而最終是以百姓福祉為依歸。故曾子所謂「一以貫之」之「忠恕」，是由「行仁政」的角度而言，也是「從政之仁」的「行仁之道」。

2.仁與忠恕，忠恕是仁心、仁德：仁是仁心（愛人、恭）、仁德（寬、信、敏、惠）及仁政（博施濟眾），由個人內在之品德到外在之仁德、仁政，故而由個人、家、國家。而忠恕是從政之事君、使民，故忠恕是指仁政階段之仁德與仁政，是仁之一部分。

3.道，比生命重要：或謂孔子要凸顯道之重要性。但孔子認為「自古皆有死，民無信不立」，顯見「信」比百姓生命還重要。信乃使百姓立（相處），是仁之德。而該等仁德是「仁之道」，比生命還重要，故而「朝聞道，夕可死矣」。

㈡道之條文

表六十五：道之條文

項目	重點	條文
道	忠恕（一以貫之）	子曰：「參乎！吾道一以貫之。」曾子曰：「唯。」子出。門人問曰：「何謂也？」曾子曰：「夫子之道，忠恕而已矣。」（4.15）
道	恕，己所不欲，勿施於人	子貢問曰：「有一言而可以終身行之者乎？」子曰：「其恕乎！己所不欲，勿施於人。」（15.24）
道	一以貫之（非多學）	子曰：「賜也，女以予為多學而識之者與？」對曰：「然，非與？」曰：「非也！予一以貫之。」（15.3）
道	歲寒後知松柏後彫（處世）	子曰：「歲寒，然後知松柏之後彫也。」（9.28）
道	朝聞道，夕死	子曰：「朝聞道，夕死可矣！」（4.8）

第二節　從政觀

一、從政

㈠孔子從政（處世）原則

1.從政，堅守仁（善）道：孔子認為施政政策，「信」優先於「兵、食」，且上（國君）有「信」才勞其民；又學以品德為先，篤實仁（品）德，故個人要篤實好學於仁德，並且堅持將仁德推展至仁政的行仁之道（善道）。

2.危邦、亂邦，不入、不居：不要進入政局動亂（危邦）的國家，不要居住在治安混亂的國家（亂邦不居），概因危邦、亂邦在混亂之中已失去從政之機會。

3.天下（邦）有道，則要從政（見）：有道乃政治上軌道，以不能盡己之力為恥，故恥於未在位（賤而貧）。從政時，說話行為正直（危言危行）。

4.天下（邦）無道，則要退縮或隱居（隱）：無道乃政治混亂，而以在位掌權而無法匡正為恥（貴而富）。無道時，說話委婉、行為正直（危行言孫）。（貴族以從政為職志，官為貴，民為賤）

5.從政，用之則行：能受到重用則從政，無法被重用則將從政理念與才華藏起來（舍之則藏）。以是否能施展仁政（百姓福祉）為考量。

6.從政之比較：一般都以有道、無道做為選擇，有道則仕，無道則隱或愚或卷（收藏）等，都是以自身利益為選擇，考量自身的施展才華、富貴、安危、貧賤等，而孔子考量能被重用後之百姓福祉，而非自身安危、貴賤等。因此，隱者謂其知其不可而為之。

㈡孔子從政原則之條文

表六十六：孔子從政原則之條文

項目	重點	條文
善道（守死）	危邦不入，亂邦不居 有道，見，恥貧賤 無道，隱，恥富貴	子曰：「篤信好學，守死善道。危邦不入，亂邦不居，天下有道則見，無道則隱。邦有道，貧且賤焉，恥也，邦無道，富且貴焉，恥也。」（8.13）
道（處邦）	邦有道，危言危行 邦無道，危行言孫	子曰：「邦有道，危言危行；邦無道，危行言孫。」（14.3）
道（從政）	用之則行，舍之則藏	子謂顏淵曰：「用之則行，舍之則藏，惟我與爾有是夫。」子路曰：「子行三軍，則誰與？」子曰：「暴虎馮河，死而不悔者，吾不與也。必也臨事而懼，好謀而成者也。」（7.11）

二、道不行之感嘆

㈠孔子感嘆道（仁）不行

1. 道不行，感嘆乘桴浮於海、居九夷：無法從政或從政之抱負（行仁政）無法施展時，孔子會感嘆乾脆移居國外罷了，故嘆「鳳鳥不至，河不出圖」。

2. 政權之興衰，禮樂見之：天下有道，禮樂征伐自天子出；天下無道，則禮樂征伐自諸侯出。由禮樂征伐等可以看到道統傳承的興衰，也是孔子所感慨的。

3. 政權之篡奪，傳之世代可見：諸侯傳至十世，大夫傳至五世，陪臣傳至三世。由諸侯、大夫、陪臣的當權（篡奪）世代數，代表政權轉換的時間越近，篡奪所致的百姓痛苦、民不聊生的情形越來越嚴重，所以孔子感嘆道之不行。

㈡感嘆道不行之條文

表六十七：感嘆道不行之條文

項目	重點	條文
居九夷	何陋之有	子欲居九夷。或曰：「陋，如之何？」子曰：「君子居之，何陋之有！」（9.14）

道不行	乘桴浮於海	子曰：「道不行，乘桴浮於海。從我者其由與？」子路聞之喜。子曰：「由也好勇過我，無所取材。」（5.7）
天下有（無）道	禮樂、政 天子⬇諸侯⬇大夫	孔子曰：「天下有道，則禮樂征伐，自天子出；天下無道，則禮樂征伐，自諸侯出，蓋十世希不失矣；自大夫出，五世希不失矣；陪臣執國命，三世希不失矣。天下有道，則政不在大夫；天下有道，則庶人不議。」（16.2）
無道	政事 天子⬇諸侯⬇大夫	孔子曰：「祿之去公室，五世矣；政逮於大夫，四世矣；故夫三桓之子孫微矣。」（16.3）
無道則隱		大師摯適齊，亞飯干適楚，三飯繚適蔡，四飯缺適秦。鼓方叔，入於河；播鼗武，入於漢；少師陽，擊磬襄，入於海。（18.9）
亂世	（做）史官沒有原則	子曰：「吾猶及史之闕文也；有馬者借人乘之；今亡矣夫！」（15.26）
亂世	無法施行志願	子曰：「鳳鳥不至，河不出圖，吾已矣夫！」（9.9）

第三節　富貴貧賤觀

一、富貴

㈠富貴之內涵

1.從政與富貴，學而仕，仕而貴：學之目的在從政，而孔子當時貴族為官為貴（民為賤為貧），故學而從政，為官而貴、而富是正當的途徑，故謂以從政得之富貴。

2.富貴之道，依義：富貴是人們所欲求的，但是孔子不會安處於未能（從政）行仁道而得到的富貴，故而不適當（義）的方法而富，孔子視為浮雲。由此可知，孔子將百姓的福祉置於個人富貴之前。

3.富，不可求取（在天）：孔子謂「富而可求也，雖執鞭之士，吾亦為之。」若是可求以富，願意擔任低下的職位或去討好他人，表示富貴不可求取，乃因於「富貴在天」。

4.周濟財富方面，周急不繼富：孔子認為應救濟他人急迫性的窮困，而不是增加其財富（雪中送炭）。

㈡富貴之條文

表六十八：富貴之條文

項目	重點	條文
富與貴	不以其道得之，不處也	子曰：「富與貴，是人之所欲也；不以其道得之，不處也。貧與賤，是人之所惡也；不以其道得之，不去也。君子去仁，惡乎成名。君子無終食之間違仁，造次必於是，顛沛必於是。」（4.5）
富且貴（不義）	不義而富且貴，於我如浮雲	子曰：「飯疏食飲水，曲肱而枕之，樂亦在其中矣。不義而富且貴，於我如浮雲。」（7.16）
富	如不可求，從吾所好	子曰：「富而可求也，雖執鞭之士，吾亦為之。如不可求，從吾所好。」（7.12）
貧富	無怨難 無驕易	子曰：「貧而無怨難；富而無驕易。」（14.10）
貧富	貧而樂 富而好禮	子貢曰：「貧而無諂，富而無驕，何如？」子曰：「可也；未若貧而樂，富而好禮者也。」子貢曰：「詩云：『如切如磋，如琢如磨』，其斯之謂與？」子曰：「賜也，始可與言詩已矣，告諸往而知來者。」（1.15）

富貴	邦無道，隱，恥富貴	子曰：「篤信好學，守死善道。危邦不人，亂邦不居，天下有道則見，無道則隱。邦有道，貧且賤焉，恥也；邦無道，富且貴焉，恥也。」（8.13）
富	周急不繼富	子華使於齊，冉子為其母請粟。子曰：「與之釜。」請益。曰：「與之庾。」冉子與之粟五秉。子曰：「赤之適齊也，乘肥馬，衣輕裘。吾聞之也：君子周急不繼富。」（6.4）

二、貧賤

(一)貧賤之內涵

1.從政與貧賤方面，有道貧賤而恥：孔子說「邦有道，貧且賤焉，恥也」，邦國能施行仁政（有道）時，而以其未能居位，因而貧賤未能施行仁政為恥，故以施行仁政為己任。

2.貧賤，依其道：貧賤是人們所厭惡的，但是不會去除於未能（從政）行仁道而貧賤者。如稱為仁者之微子、箕子、比干、伯夷、叔齊等，都因實踐仁而退隱、被囚、死等，都是以其道得貧賤的案例。

3.貧、富之比較，怨難、無驕易：貧而無怨較難，因一般人身處逆境時較難不去抱怨故難，因而能顯示其品德；富而無驕易，乃身處順境時，較易省察自我而無驕，故安處於貧勝於富而無驕。

4.君子，固窮：君子是見利思義（九思），並以道為職志，不追求個人的富貴（追求仁政），故能安貧、固窮，若移居九夷時，不會在乎蠻荒之環境簡陋，如顏淵居陋巷而不憂。

㈡貧賤之條文

表六十九：貧賤之條文

項目	重點	條文
貧與賤	不以其道得之，不去	子曰：「富與貴，是人之所欲也；不以其道得之，不處也。貧與賤，是人之所惡也；不以其道得之，不去也。君子去仁，惡乎成名。君子無終食之間違仁，造次必於是，顛沛必於是。」（4.5）
樂	飯疏食飲水，曲肱而枕	子曰：「飯疏食飲水，曲肱而枕之，樂亦在其中矣。不義而富且貴，於我如浮雲。」（7.16）
貧	無怨難	子曰：「貧而無怨難；富而無驕易。」（14.10）

貧富	貧而樂，富而好禮	子貢曰：「貧而無諂，富而無驕，何如？」子曰：「可也；未若貧而樂，富而好禮者也。」子貢曰：「詩云：『如切如磋，如琢如磨』，其斯之謂與？」子曰：「賜也，始可與言詩已矣，告諸往而知來者。」（1.15）
富貴	邦無道，隱，恥富貴	子曰：「篤信好學，守死善道。危邦不入，亂邦不居，天下有道則見，無道則隱。邦有道，貧且賤焉，恥也，邦無道，富且貴焉，恥也。」（8.13）
陋	君子居之，何陋之有	子欲居九夷。或曰：「陋，如之何？」子曰：「君子居之，何陋之有！」（9.14）
窮	君子固窮；小人窮斯濫	在陳絕糧。從者病，莫能興。子路慍見曰：「君子亦有窮乎？」子曰：「君子固窮；小人窮斯濫矣。」（15.2）

第三章　省察觀

君子修己，由反省、觀察、所惡等歸納出如何省察，也就是省察觀。

第一節　反省

一、習性

㈠習性之內涵

1.君子方面：孔子是仁者、知者、勇者，仁者有仁、知者知人、勇者有勇，故而如君子般的不憂、不惑、不懼。

2.學習、教導方面：孔子是學而知之者，默默的多聽（聞）、多見，選擇正確（善）者及認識許多，而且學而不厭。又教導學生而不厭倦，且不會藏私，用傳述的方式（古代文化）來傳承。

3.習性方面：不臆測、不武斷、不固執、不自我（毋意，毋必，毋固，毋我）。絕四，乃孔子平日處事立行的態度，亦即將自我放空，不會有先入為主之失，依事實來做判斷。

4.行事方面：在外則事奉公卿，在家則事奉父兄，對於喪事不敢不盡力，不會沉迷於酒醉。表示在為政（公事）盡忠、在家盡孝、依禮執喪、生活謹慎等方面都能自我督促。

㈡個人習性之條文

表七十：個人習性之條文

項目	重點	條文
絕四	毋意，毋必，毋固，毋我	子絕四：毋意，毋必，毋固，毋我。（9.4）
躬行	莫吾猶人也吾未之有得	子曰：「文，莫吾猶人也。躬行君子，則吾未之有得。」（7.33）
疾固	非敢為佞	微生畝謂孔子曰：「丘何為是栖栖者與？無乃為佞乎？」孔子曰：「非敢為佞也，疾固也。」（14.33）
自道	仁者不憂；知者不惑；勇者不懼	子曰：「君子道者三，我無能焉：仁者不憂；知者不惑；勇者不懼。」子貢曰：「夫子自道也！」（14.29）
我何有	默而識之，學而不厭，誨人不倦	子曰：「默而識之，學而不厭，誨人不倦，何有於我哉？」（7.2）

我何有	出則事公卿，入則事父兄，喪事不敢不勉，不為酒困	子曰：「出則事公卿，入則事父兄，喪事不敢不勉，不為酒困，何有於我哉！」（9.16）
比於老彭	述而不作，信而好古	子曰：「述而不作，信而好古，竊比於我老彭。」（7.1）
無隱	吾無隱乎	子曰：「二三子以我為隱乎？吾無隱乎爾。吾無行而不與二三子者，是丘也。」（7.24）
知之次	多聞擇善 多見而識	子曰：「蓋有不知而作之者，我無是也。多聞，擇其善者而從之；多見而識之；知之次也。」（7.28）

二、自省

(一)自省之內涵

1.自省，賢、不賢：三人行必有我師，見賢思齊，見不賢而內自省。表示學習對象（老師）不是固定的，不論好壞都可以借鏡，使得學習對象、示範（好壞）更為寬廣。

2.憂，品德、學習、義理：孔子擔憂個人，對於自己的品德、學習、義理、不善的，不能去修養、不練習（講）、不能做（徙）、不能改。所謂不修德、不講究學習、不施行義理、不改不善，都是個人不能起身而行，也是孔子所擔憂的。

3. 三省，忠誠、信用、練習：曾子每日三省吾身。為人謀事、交朋友、傳授課程等三件事，以忠誠、信用、練習來檢討自己。謀事、交友、授課這三件事是要以忠於人、忠（信）於友、忠於業（傳），故三省以「忠」。

㈡自省之條文

表七十一：自省之條文

項　目	重　點	條　文
師（學習）	三人行，擇其善者而從之，其不善者而改之	子曰：「三人行，必有我師焉。擇其善者而從之，其不善者而改之。」（7.22）
見賢思齊	見賢思齊焉；見不賢而內自省	子曰：「見賢思齊焉，見不賢而內自省也。」（4.17）
見善	見善如不及，見不善如探湯	孔子曰：「見善如不及，見不善如探湯；吾見其人矣，吾聞其語矣！隱居以求其志，行義以達其道；吾聞其語矣，未見其人也！」（16.11）

三省吾身	為人謀而不忠乎？與朋友交而不信乎？傳不習乎	曾子曰：「吾日三省吾身：為人謀而不忠乎？與朋友交而不信乎？傳不習乎？」（1.4）
憂	德之不修，學之不講，聞義不能徙，不善不能改	子曰：「德之不修，學之不講，聞義不能徙，不善不能改，是吾憂也。」（7.3）

三、處過

㈠處過之態度

1.過，改：不要怕有過，而不改錯誤就是過了。對於過失的態度是面對它，檢討之、更正之，並非如小人般的掩飾，故過則勿憚改，過而不改，是謂過矣。

2.過，人皆見之：有過錯時，大家都看到了。大家都可以看到過失，表示行事踏實、心胸寬大，不會怕出錯或被抓出錯誤而遮掩。君子不掩飾自己的過失，改正時，大家也都會看到，顯見行事光明及有過則改的態度。

3.學《易》，無大過：孔子自稱「五十知天命」，而又稱「加我數年，五十以學易，可以無大過矣」，《易經》講究事物（務）變化，故而學《易》知變化可以瞭解天道（命）運行的軌跡、模式，運用於個人行事、思維上，可以避免產生大過了。

㈡處過之條文

表七十二：處過之條文

項目	重點	條文
過	勿憚改	子曰：「君子不重則不威；學則不固。主忠信。無友不如己者。過則勿憚改。」（1.8）
過	不改，是謂過矣	子曰：「過而不改，是謂過矣！」（15.30）
過	人必知之	陳司敗問昭公知禮乎？孔子曰：「知禮。」孔子退，揖巫馬期而進之，曰：「吾聞君子不黨，君子亦黨乎？君取於吳為同姓，謂之吳孟子。君而知禮，孰不知禮？」巫馬期以告。子曰：「丘也幸，苟有過，人必知之。」（7.31）
過	君子之過皆見，更也皆仰	子貢曰：「君子之過也，如日月之食焉；過也，人皆見之；更也，人皆仰之。」（19.21）
大過	學易無大過	子曰：「加我數年，五十以學易，可以無大過矣。」（7.17）

第二節　觀察

一、對人的期許

(一)期許之內涵

1.人之重要，在能弘道：人能宏達大道，表示人要有道的信念後，才能宏達之，而非大道來宏達人。大道的理念要由人來實踐、推展，而此道就是仁之道（仁心、仁德、仁政），如聖人之修己安民、博施濟眾，謀取百姓福祉。

2.人要有久遠之慮，以避近憂：孔子批評柳下惠、少連在亂世中，雖然「言中倫、行中慮」，還是「降志辱身」，在亂世中，行為都經過思慮仍難逃避辱身，所以人需要思慮久遠，才能避開近憂。另孔子所憂的是「德之不修，學之不講，聞義不能徙，不善不能改」。

3.後生，可畏：後生在於前途不可限量而可畏，反之，四十、五十歲而無所成就時（聞），就不值得敬畏了，更到老時，無所傳述再加上少年時不謙遜、不友愛，就如孔子罵原壤「老而不死，是為賊」。

(二)對人的期許之條文

表七十三：對人的期許之條文

項目	重點	條文
人	人能弘道	子曰：「人能弘道，非道弘人。」（15.29）
遠慮	人無遠慮有近憂	子曰：「人無遠慮，必有近憂。」（15.12）
後生	後生可畏	子曰：「後生可畏，焉知來者之不如今也？四十、五十而無聞焉，斯亦不足畏也已！」（9.23）
賊	幼不孫弟，長無述焉，老而不死	原壤夷俟。子曰：「幼而不孫弟，長而無述焉，老而不死，是為賊。」以杖叩其脛。（14.44）

二、觀察之方法

㈠觀察人之內涵

觀察人之方法，視其所以、聽其所言、觀其所行、察其所安。

1.視，視其所以：觀察行為或言語之動機或原因，因為瞭解動機可以明白此人之居心（出發點）是善、良、惡、害，再由其動機而瞭解其行為。

2.聽，聽其所言：先聽其言語，瞭解其所許下的承諾。但是聽其言就相信了，很容易發生錯誤，故而孔子說要「聽其言而觀其行」。

3.觀，觀其所行：聽其言後要觀其行，由其行為來驗證所說的諾言，是否有誠信，但是話說出去後的嚴重性，由「一言而可以興邦、喪邦」可以看出，故而君子是「先行其言，而後從之。」是先行後言。

4.察，察其所安：最後要察覺其心是否「居之不疑」的「安」，是心安理得或惶惶不安，再與動機、言語、行為對照，就可以「知人」了。為政需要知人（賢者），才能「舉直錯諸枉」，使「不仁者遠去」，才會使天下安定。

5.眾惡之、好之，仍須察之：對於眾惡之、好之者，不如由「鄉人之善者好之，其不善者惡之」，藉由觀察（不）善者之好、惡來察覺，概由同類相近的道理來察覺，但鑑於聞者是「在邦必聞，在家必聞」，而其外表偽飾仁者（色取仁）而行為違反，且又居之不疑（心安），故而仍需要觀察其動機、言語、行為、安來「知人」。

6.案例：孔子評論別人，也是經過知人的過程，故說：「如有所譽者，其有所試矣」。又見到闕黨童子「居於（席）位也，見其與先生並行也」而瞭解「非求益（長進）者也，欲速成者也」，就是聽其言、觀其行而知人。

㈡觀察人之條文

表七十四：觀察人之條文

項目	重點	條文
聽、觀	聽其言而觀其行	宰予晝寢。子曰：「朽木不可雕也，糞土之牆不可杇也。於予與何誅？」子曰：「始吾於人也，聽其言而信其行；今吾於人也，聽其言而觀其行。於予與改是。」（5.10）
視、觀、察	視其所以，觀其所由，察其所安	子曰：「視其所以，觀其所由，察其所安。人焉廋哉？人焉廋哉？」（2.10）
行、從	先行其言，而後從之	子貢問君子。子曰：「先行其言，而後從之。」（2.13）
察	眾惡、好之，必察焉	子曰：「眾惡之，必察焉；眾好之，必察焉。」（15.28）
察（善者好之）	鄉人之善者好之，其不善者惡之	子貢問曰：「鄉人皆好之，何如？」子曰：「未可也。」「鄉人皆惡之，何如？」子曰：「未可也。不如鄉人之善者好之，其不善者惡之。」（13.24）

試	有所試	子曰：「吾之於人也，誰毀誰譽？如有所譽者，其有所試矣。斯民也，三代之所以直道而行也。」（15.25）
（視）居、行	居（大人之）位，與先生並（肩而）行	闕黨童子將命。或問之曰：「益者與？」子曰：「吾見其居於位也，見其與先生並行也；非求益者也，欲速成者也。」（14.45）

第三節　所惡、奈何者

一、所惡者

(一)所惡者（恥）之內涵

1.品德方面，孔子厭惡稱人、訕上、勇而無禮、果敢而窒者：稱人、訕是言語的無禮；勇、果敢是勇而無禮則亂、直而無禮則絞。所以品德方面是無禮之失。又子貢所厭惡的是徼、不遜、訐者，都是知之不足、勇之不足、直之不足者，所以子貢所厭惡的是以假亂真的德行。

2.人方面，賊者、佞者（利口）、不逮者：賊是不遜、無述、不死之無德；佞是口才善巧之傷德（人）；不逮者是無法身體力行之違德（信）。厭惡人的無德、傷德，甚而會顛覆邦國。

3.藝方面，厭惡紫色、鄭聲：紫色奪取朱紅色、鄭聲擾亂雅樂，都是破壞正統，擾亂人心。

(二)所惡之條文

表七十五：所惡之條文

項目	重點	條文
賊	幼而不孫弟，長而無述焉，老而不死	原壤夷俟。子曰：「幼而不孫弟，長而無述焉，老而不死，是為賊。」以杖叩其脛。（14.44）
攻之	為之聚斂而附益之	季氏富於周公，而求也為之聚斂而附益之。子曰：「非吾徒也，小子鳴鼓而攻之，可也！」（11.17）
惡佞者	何必讀書，然後為學	子路使子羔為費宰。子曰：「賊夫人之子！」子路曰：「有民人焉！有社稷焉，何必讀書，然後為學？」子曰：「是故惡夫佞者。」（11.23）

惡	惡稱人之惡者、居下流而訕上者、勇而無禮者、果敢而窒者惡徼以為知者、惡不孫以為勇者、訐以為直者	子貢曰：「君子亦有惡乎？」子曰：「有惡。惡稱人之惡者，惡居下流而訕上者，惡勇而無禮者，惡果敢而窒者。」曰：「賜也亦有惡乎？」「惡徼以為知者，惡不孫以為勇者，惡訐以為直者。」（17.22）
惡	惡紫之奪朱也，惡鄭聲之亂雅樂也，惡利口之覆邦家者	子曰：「惡紫之奪朱也，惡鄭聲之亂雅樂也，惡利口之覆邦家者。」（17.16）
恥	恥躬之不逮也	子曰：「古者言之不出，恥躬之不逮也。」（4.22）

二、奈何者

(一)奈何者，感慨對其沒有辦法者

1.從政方面，未可共學、適道、與立、與權者：共學、適道、與立、與權代表從政的四個階段，從共同學習、共同從政（道）、共同強立（信念）、共同通權（權力），每個階段都有因為權、利、益等而競爭、排斥、打擊，故有未可一起從政（適道）、未可一起共同為政（與立）、未與一起掌握權勢（權）者。

2.學方面，不會思考者（未思）、不問怎麼辦者（如之何）、沒有實才者（秀而不

實）：三者不會去思考、不會提出問題、沒有實學，原因都是不去思考而產生的問題，所以對於不會思考者也沒辦法了。

3.言行方面，不及義、無所用心、真之罔、從而不改者：言語無關道義，不用心、沒有真誠、從而不改者。四者之言行是不用心的，所以無關道義、沒有真誠，對此也是沒有辦法了。

4.年齡方面，四十、五十無聞而不足畏者：四十、五十而無聞，不足畏，概從政之路由十五學、三十立，到了四、五十歲時應該有所成就（富貴），若無聞則不足畏也。（另注意該時期人的平均壽命）

5.無一可得者，狂而不直、侗而不愿、悾悾而不信者：狂者志願高大而個性大都爽直，不爽直者可見其心思過多；無知者（侗）大多忠厚，但不謹厚者可見不自知；愚蠢（悾悾）者大多可信，但不可信者可見無可得。三者都是「無一可得者」，孔子也真不知道該如何了。

㈡感慨對其沒有辦法者

表七十六：感慨對其沒有辦法者

項目	條文
未可共學、適道、與立、與權	子曰：「可與共學，未可與適道；可與適道，未可與立；可與立，未可與權。」（9.30）
未思者	「唐棣之華，偏其反而。豈不爾思？室是遠而。」子曰：「未之思也，夫何遠之有？」（9.30）
不曰「如之何」者	子曰：「不曰：『如之何，如之何』者，吾末如之何也已矣？」（15.16）
（迷）惘者	子曰：「人之生也直，罔之生也幸而免。」（6.19）
秀而不實者	子曰：「苗而不秀者，有矣夫！秀而不實者，有矣夫！」（9.22）
從而不改者	子曰：「法語之言，能無從乎？改之為貴！巽與之言，能無說乎？繹之為貴。說而不繹，從而不改，吾末如之何也已矣！」（9.24）（法語：法規，巽：謙遜，繹：分析。）
無所用心者	子曰：「飽食終日，無所用心，難矣哉！不有博弈者乎？為之猶賢乎已！」（17.20）

言不及義者	子曰：「群居終日，言不及義，好行小慧，難矣哉！」（15.17）
不足畏者	子曰：「後生可畏，焉知來者之不如今也？四十、五十而無聞焉，斯亦不足畏也已！」（9.23）
不知者	子曰：「狂而不直，侗而不愿，悾悾而不信，吾不知之矣。」（8.16）

第四章 日常生活

由孔子的食、衣、住、行、育、樂及待人中瞭解其行誼，其舉止就在我們身邊示範著。

第一節 食衣住行樂

一、公門之禮儀（言語、使擯、入公門、執圭、賜食、探病）

㈠言語，雅言

孔子平日用雅言，在鄉黨貌溫和似不能說話、在宗廟朝廷上說話明白而謹慎（國君臨朝時言辭適中）、與下大夫說話和樂、與上大夫說話正直而尊敬。孔子說話之態度、語氣、氣氛等都因對象不同而合乎禮制。

㈡使擯（接待外賓），儀態

奉國君之命接待外賓時，臉色莊重，腳步加快，向左右同僚作揖，衣服擺動起來而前後整齊，走路輕快向前，俟賓客離去時必回報國君。形容孔子接待賓客的態度、快慢真是栩栩如生，讓人瞭解孔子知禮行禮。

㈢入公門，姿態

孔子進入朝廷大門時，一定收斂身子，不會站立於門前和踏在門限上；通過國君的座位時臉色莊重並加快步子；升堂時提起衣襬屏住氣息，退出、下階梯後表情舒緩，然再經過國君座位時又敬畏起來。由孔子氣息的屏舒及腳步的快慢生動的形容出禮的內在。

㈣執圭（出使），儀色

孔子出使典禮時，謹慎著捧者圭，好似拜揖或傳讓（授），臉色敬重而戰戰兢兢，腳步貼地急促短行，獻禮則容貌和氣，私下相會時和顏悅色等階段的態度及姿勢，都要顯出不亢不卑的使節之風。

㈤賜食，應對

國君賜食，一定端坐先嘗；賜生肉，一定熟熱後先供奉祖先；賜活體，一定畜養起來；事奉國君同食，國君在祭祀時先嘗。生病時，國君來探視，頭朝東面並披上朝服擺上腰帶。在賜食之回應中瞭解「事君以忠」的敬意。

㈥公門禮儀之條文

表七十七：公門禮儀之條文

項目	條文
言語（宗廟朝廷）	孔子於鄉黨，恂恂如也，似不能言者。其在宗廟朝廷，便便言；唯謹爾。朝，與下大夫言，侃侃如也；與上大夫言，誾誾如也。君在，踧踖如也，與與如也。（10.1）
言	子所雅言，詩、書、執禮，皆雅言也。（7.18）
使擯（外賓）	君召使擯，色勃如也，足躩如也。揖所與立，左右手。衣前後，襜如也。趨進，翼如也。賓退，必復命。曰：「賓不顧矣。」（10.2）
入公門（朝廷）	入公門，鞠躬如也，如不容。立不中門，行不履閾。過位，色勃如也，足躩如也，其言似不足者。攝齊升堂，鞠躬如也，屏氣似不息者。出，降一等，逞顏色，怡怡如也；沒階趨，翼如也；復其位，踧踖如也。（10.3）
朝服	吉月，必朝服而朝。（10.5）
執圭（出使）	執圭，鞠躬如也，如不勝。上如揖，下如授。勃如戰色，足蹜蹜如有循。享禮，有容色；私覿，愉愉如也。（10.4）

君賜食	君賜食，必正席先嘗之。君賜腥，必熟而薦之。君賜生，必畜之。侍食於君；君祭，先飯。（10.12）
君視之	疾，君視之，東首，加朝服，拖紳。（10.13）

二、飲食衣著

(一)飲食衣著之內涵

1. 食之規矩及不多食、不食者，基於衛生及敬意，如下：

＊食之規矩，食不語，吃飯前要先恭敬祭祀。另祭祀時必定改變日常飲食。

＊不多食（或限制者），米飯精或肉食精細者、飲酒不及亂、食肉不多於飯。

＊不食，食饐而餲、魚餒而肉敗者、色惡者、臭惡者、失飪者、不時者、割不正者、不得其醬者、沽（一日）酒、市脯（肉）、祭肉超出三日者。另不知藥性者，不食。

2. 衣著有所禁忌及注意部分如下：

＊禁忌方面（顏色及配戴），不以玄色（紺）作為衣領或袖之邊（緅飾）；紅紫色不作為日常家服（褻服）；不穿灰色羔裘及黑色帽子（冠）去弔喪。喪事期間過去後，就沒有配戴的禁忌了。

＊上衣顏色，黑色上衣內用黑色的羔羊皮裘；白色上衣內用白色麑皮裘；黃色上衣內用黃色狐皮裘。緇衣羔裘，素衣麑裘，黃衣狐裘。

＊家居服方面，平日家居皮裘稍長，右邊袖子稍短；睡覺要有睡服，長一身半。

＊其他，冬天坐墊要用厚的狐毛做座褥；除了朝祭用的帷裳，其他衣服要縫邊。

㈡飲食衣著之條文

表七十八：飲食衣著之條文

項目	重點	條文
食	食之規矩 不多食 不食者	食不厭精，膾不厭細。食饐而餲，魚餒而肉敗，不食。色惡不食，臭惡不食。失飪不食，不時不食。割不正不食，不得其醬不食。肉雖多，不使勝食氣。唯酒無量，不及亂。沽酒市脯不食。不撤薑食，不多食。祭於公，不宿肉。祭肉不出三日；出三日，不食之矣。食不語，寢不言。雖疏食菜羹，必祭，必齊如也。（10.6）
食（藥）	慎食，藥未達，不敢嘗	康子饋藥，拜而受之，曰：「丘未達，不敢嘗。」（10.10）

衣	衣著之規定	君子不以紺緅飾，紅紫不以為褻服；當暑，袗絺綌，必表而出之。緇衣羔裘，素衣麑裘，黃衣狐裘。褻裘長，短右袂。必有寢衣，長一身有半。狐貉之厚以居，去喪，無所不佩。非帷裳，必殺之。羔裘玄冠不以弔。吉月，必朝服而朝。（10.5）
衣	齊，必有明衣，布	齊，必有明衣，布。（10.6）
衣	儺（廟會）	鄉人飲酒，杖者出，斯出矣。鄉人儺，朝服而立於阼階。（10.8）

三、日常生活

㈠日常生活之意義

1.家居：家居不像作客般的莊重，而容態舒緩，神色愉快。

2.睡覺：睡覺不伸直四肢，睡覺時不說話。

3.坐：坐席要端正，不然不坐。

4.坐車：上車時，一定正立，兩手握著繩子；在車上，不回頭看，不快速說話，不用手指東指西。

5.歌：與人同歌時，遇到善歌者，必請他再唱，然後再合聲同唱。

6. 樂：在齊國聽到韶樂，三個月不知肉味，對於音樂的欣賞到如此境地了。

7. 釣、射：不用長繩繫許多鉤子來釣魚；不射停在巢中的鳥。

8. 問：請使者代為問候友人時，一定再拜而送之。

(二)日常生活之條文

表七十九：日常生活之條文

項目	重點	條文
燕居	申申、夭夭	子之燕居，申申如也，夭夭如也。（7.4）
問	再拜而送	問人於他邦，再拜而送之。（10.9）
寢	寢不尸	寢不尸，居不容。（10.17）
坐	席不正不坐	席不正不坐。（10.7）
坐車	升車正立執綏。車中不內顧疾言親指	升車，必正立執綏。車中，不內顧，不疾言，不親指。（10.19）
歌	必使反之，而後和之	子與人歌而善，必使反之，而後和之。（7.32）
樂	聞韶，三月不知肉味	子在齊聞韶，三月不知肉味，曰：「不圖為樂之至於斯也。」（7.14）

釣、射	子釣而不綱，弋不射宿	子釣而不綱，弋不射宿。（7.27）
廄焚	廄焚，問傷人乎	廄焚，子退朝，曰：「傷人乎？」不問馬。（10.11）

第二節　待人之道

一、待人之道（方法典範）

㈠盲者

孔子看到盲者會露出關切的神情；孔子接見盲者（瞽）時一定從席上起身（作）；經過時一定快步通過（趨）；孔子引導、扶持盲者（樂師）時，在走到階梯時說「階也」、到席位上時說「席也」；坐下後告訴盲者：「誰在某處！誰在某處」。孔子面對、引導盲者的方式，表現出體諒、真誠和細心，都是惻隱之心。

㈡喪者（含弔喪）

看見穿者喪服者（衰者）及輕喪服者（冕衣裳者）一定改變態度（凝重）；乘車經過喪服（凶服）時會扶著車前橫木而站起來；在喪者旁進食而不會吃飽；弔喪時，不佩帶玉器、不穿黑羊羔裘、不戴黑色的帽子。孔子遇到喪者之態度凝重、起立致意、吃飯不可放縱及弔喪之服裝等，都表示哀悼之心。

㈢老人

與鄉人飲酒時待老者離席後再離開，是一種敬老的態度。孔子的願望是「老者安之」，又仁之本是孝弟，所謂安之、孝之都是由家（族）做起，是行仁的出發處，也顯示日常生活之尊老就是禮。

㈣朋友

死後沒人料理（歸處）者，孔子會主動負責喪事（殯），表現出「朋友信之」的境界。又朋友所送的禮物，雖然是車馬而不是祭肉就不作揖拜謝，拜謝表示衷心感謝之意，可見孔子行禮之分際。另孔子託人向在他邦友人問候及季康子饋藥時都是拜受。

㈤待人之道（典範）

表八十：待人之道（典範）

項目	重點	條文
相師	及階，曰：「階也。」及席，曰：「席也。」皆坐，告之：「某在	師冕見，及階，子曰：「階也。」及席，子曰：「席也。」皆坐，子告之曰：「某在斯，某在斯。」師冕出，子張問曰：「與

	斯，某在斯。」	師言之道與？」子曰：「然，固相師之道也。」（15.42）
喪者	未嘗飽	子食於有喪者之側，未嘗飽也。（7.9）
服喪 瞽者 負版者	見齊衰者，雖狎必變。見冕者瞽者，雖褻必貌。凶服者式之；式負版者，有盛饌，必變色而作。迅雷、風烈必變	見齊衰者，雖狎必變。見冕者與瞽者，雖褻必以貌。凶服者式之；式負版者，有盛饌，必變色而作。迅雷、風烈必變。（10.18）
齊衰者、冕衣裳、瞽者	雖少必作；過之必趨	子見齊衰者、冕衣裳者與瞽者，見之雖少必作；過之必趨。（9.10）
老人	杖者出，斯出矣。鄉人儺，朝服立於阼階	鄉人飲酒，杖者出，斯出矣。鄉人儺，朝服而立於阼階。（10.8）
朋友	於我殯（負責喪事），非祭肉不拜	朋友死，無所歸，曰：「於我殯。」朋友之饋，雖車馬，非祭肉，不拜。（10.17）

第四篇

天命

第一章 概論

孔子少言天、命，然就少數天命的言語來歸納之。

第一節 孔子天命

孔子四十「不惑」乃知（識）人（事）、五十「知天命」乃知天之運作（含己之使命）、六十「耳順」乃知而後順天命，因而耳順、七十「從心所欲，不踰矩」乃合乎天道（命）而不踰規矩，為聖、至德（中庸），可以謂之「與天相合」。（見圖一）

第二節 孔子之仁、聖、天

一、孔子謂「天生德於予」，又子貢謂：「固天縱之將聖」，天之生德、縱聖於孔子。

二、孔子稱聖是「博施、濟眾」，又自稱「抑為之（聖與仁）不厭」，又子夏謂君子（行仁）之道，「有始有卒者，其惟聖人乎」，故「聖」是謀求百姓福祉（仁政），又能堅持理念者為聖，一如孔子。（見圖二）

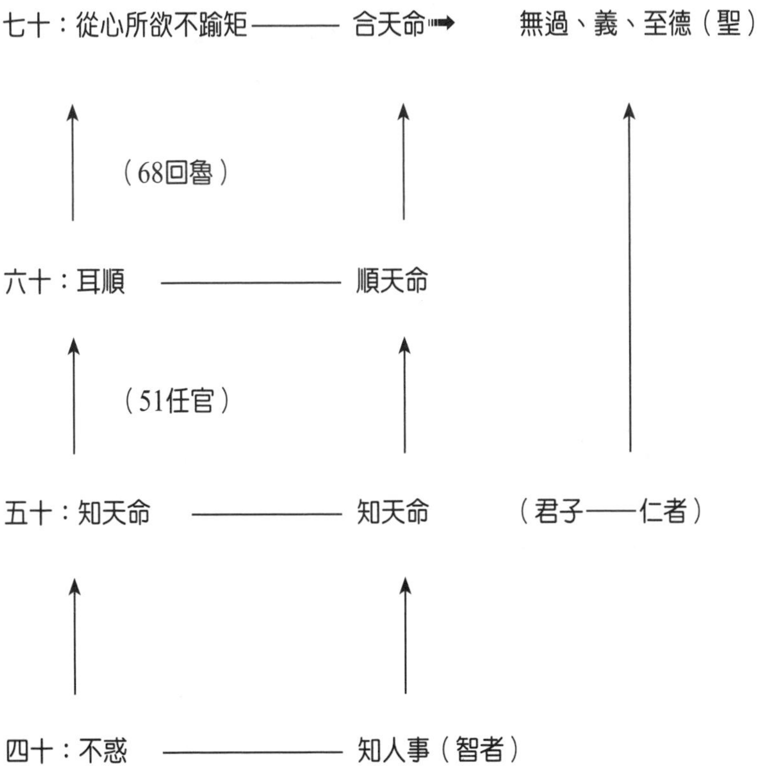
七十：從心所欲不踰矩
合天命
無過、義、至德（聖）
（68回魯）
六十：耳順
順天命
（51任官）
五十：知天命
知天命
（君子——仁者）
四十：不惑
知人事（智者）

圖一　孔子之天命觀

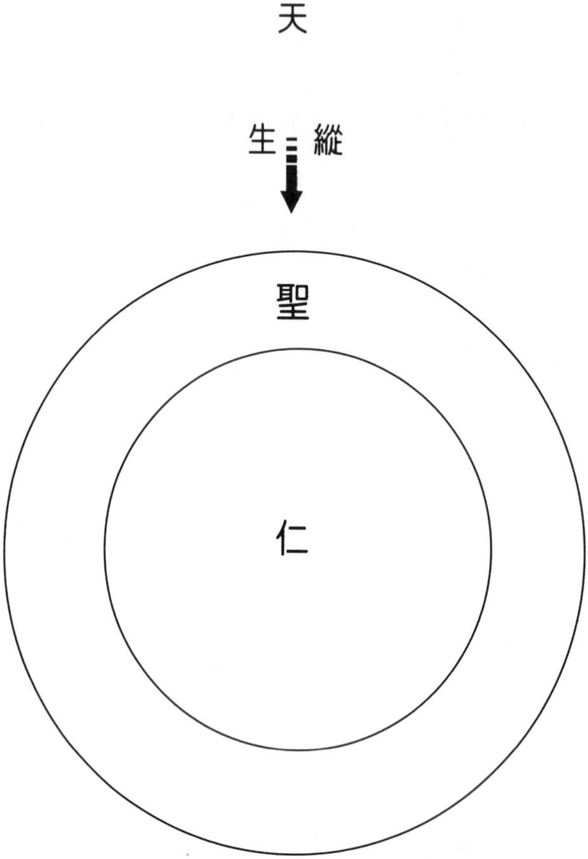

圖二　孔子之仁、聖與天

第二章　天命觀

孔子不語「怪、力、亂、神」，又罕言「利，與命，與仁」。故孔子不語「神」、甚少說到「命」，又少說到「天道」，所以對於天、命之解釋仍有分歧，於此，綜合孔子對天之感嘆，或他人對孔子之天命等，歸納出《論語》之天命觀。

第一節　天命

一、天與命之意義

(一)天與命之內涵

1.天命，知、畏之：《論語》中稱「天命」者僅有「五十知天命、君子畏天命」等二次，對於天命並無特別說明。

2.天，自然性（規律性）及主宰性：「天」是指百物生、四時行、富貴、禱、厭、喪等，具有自然性（規律性）及主宰性。

3.自然天、主宰天，四季運行、富貴生死：「天」是四季的運行、百物的生長等，如時之運行。主宰天是對於個人之富貴、生死，及對於文（典章制度）道（為政）之廢行，都是天或命所掌握的，所以天主宰著個人、國家、典章的存廢。

4.命，生死及道之廢行：「命」是指生死、道之廢行等，對於生死的時間、道的廢行等都有掌控意味，表示有主宰性（如天）的特性。又君子知命，或指君子知道其使命（如孔子為木鐸），或指君子知道天之命（運轉）。

㈡天與命之條文

表八十一：天與命之條文

項目	重點	條文
命	君子知命	子曰：「不知命，無以為君子也。不知禮，無以立也。不知言，無以知人也。」（20.3）
命天	死生有命（壽命）富貴在天	司馬牛憂曰：「人皆有兄弟，我獨亡！」子夏曰：「商聞之矣：『死生有命，富貴在天』。君子敬而無失，與人恭而有禮；四海之內，皆兄弟也。君子何患乎無兄弟也？」（12.5）
命	道之行、廢是命	公伯寮愬子路於季孫，子服景伯以告，曰：「夫子固有惑志於公伯寮，吾力猶能肆諸市朝。」子曰：「道之將行

		也與？命也；道之將廢也與？命也；公伯寮其如命何！」（14.37）
命	（死）亡乃命	伯牛有疾，子問之，自牖執其手，曰：「亡之，命矣夫！斯人也而有斯疾也！斯人也而有斯疾也！」（6.10）
天	得罪天，沒有地方（對象）可以禱告	王孫賈問曰：「與其媚於奧，寧媚於灶，何謂也？」子曰：「不然；獲罪於天，無所禱也。」（3.13）
天	天沒有言語，而四時行，百物生	子曰：「予欲無言！」子貢曰：「子如不言，則小子何述焉？」子曰：「天何言哉！四時行焉，百物生焉；天何言哉？」（17.17）
時	（水）逝者如此（無言語而行焉）	子在川上曰：「逝者如斯夫！不舍晝夜。」（9.17）
時	雌雉（動物）知道時（宜）	色斯舉矣，翔而後集。曰：「山梁雌雉，時哉！時哉！」子路共之，三嗅而作。（10.20）

二、天命之實例

㈠天命之實例

1. 天命，政權之傳遞：堯以天命予舜、舜亦以命禹是天之曆數（命），將統治權的傳遞提升至天命的階層，並非人之授與。而又因是天之授與，所以敬天，天對於統治者具有監督的力量。

2.天命，政權傳遞之規則：「羿善射、奡盪舟」（好戰）不得好死，卻由躬稼（好德）之禹、稷得到天下，故政權傳遞是天命，而天命是由好德者得之。

3.天命，國家興亡之規律：孔子以國家滅亡（傾）之原因乃患在不均、不安，寡而不均（貧富不均）、不安（民不安）則國傾，所以季孫之憂在國內之（富貴）不均、（民）不安，有其規範。

4.剛，個人天命之例：子由（季路）個性剛強，而「好剛不好學」有狂妄自大的毛病，所以孔子說其不得好死，果真如是。另「剛」也可以用「學」來修正而使人不自大。

㈡天命實例之條文

表八十二：天命實例之條文

項目	重點	條文
天之曆數（命）	堯以天命予舜，舜亦以命禹，而至周	堯曰：「咨！爾舜！天之曆數在爾躬，允執其中！四海困窮，天祿永終。」舜亦以命禹。曰：「予小子履，敢用玄牡，敢昭告于

		皇皇后帝：有罪不敢赦，帝臣不蔽，簡在帝心！朕躬有罪，無以萬方；萬方有罪，罪在朕躬。」周有大賚，善人是富。「雖有周親，不如仁人；百姓有過，在予一人。」謹權量，審法度，修廢官，四方之政行焉。興滅國，繼絕世，舉逸民，天下之民歸心焉。所重：民、食、喪、祭。寬則得眾，信則民任焉。敏則有功，公則說。（20.1）
有天下	禹稷躬稼（好德）而有天下；羿善射，奡盪舟（好戰）不得好死	南宮适問於孔子曰：「羿善射，奡盪舟，俱不得其死然。禹稷躬稼，而有天下。」夫子不答。南宮适出，子曰：「君子哉若人！尚德哉若人！」（14.5）
國家之傾（滅亡）	不患寡而患不均 不患貧而患不安	季氏將伐顓臾。……孔子曰：「求！君子疾夫舍曰『欲之』而必為之辭。丘也聞有國有家者，不患寡而患不均，不患貧而患不安；蓋均無貧，和無寡，安無傾。夫如是，故遠人不服，則修文德以來之。既來之，則安之。今由與求也，相夫子，遠人不服而不能

		來也，邦分崩離析，而不能守也，而謀動干戈於邦內，吾恐季孫之憂，不在顓臾，而在蕭牆之內也！」（16.1）
天縱（命）之將聖	天縱（天指派孔子）為聖	大宰問於子貢曰：「夫子聖者與！何其多能也？」子貢曰：「固天縱之將聖，又多能也。」子聞之曰：「大宰知我乎？吾少也賤，故多能鄙事。君子多乎哉？不多也！」（9.6）
行行（剛強）	由（季路）不得好死	閔子侍側，誾誾如也；子路，行行如也；冉有、子貢，侃侃如也。子樂。「若由也，不得其死然。」（11.13）

第二節　鬼神

一、鬼神之意義

(一)鬼神，孔子不語

子不語怪力亂神，或謂商朝重鬼神輕人事，所以孔子要回歸從政之重心（人民），故避而不談。

㈡鬼神，敬鬼神而遠之

對於鬼神並非否定而是保持距離，內心尊敬但少談論（也是一種距離），所以保持適當距離是孔子的基本態度。

㈢祭拜鬼，要選擇適當的對象

對於鬼應選擇適當者而祭拜，祭拜「非其鬼」乃諂媚討好，乃有所求，故非中道，在祭拜鬼時也要行中道（德）。

㈣祭祀神，祭神則神在

祭神之時要有「如神在」的心理，但孔子慎於祭，又不語怪力亂神，都表示敬鬼神而遠之的一貫態度（保持距離）。

二、鬼神意義之條文

表八十三：鬼神意義之條文

項目	重點	條文
鬼神	未能事人，焉能事鬼	季路問事鬼神。子曰：「未能事人，焉能事鬼？」「敢問死？」曰：「未知生，焉知死？」（11.12）
生死	未知生，焉知死	

鬼神	敬鬼神而遠之	樊遲問知。子曰：「務民之義，敬鬼神而遠之，可謂知矣。」問仁。曰：「仁者先難而後獲，可謂仁矣。」（6.22）參（子曰：「慎終追遠，民德歸厚矣。」（1.9））
神	祭神如神在	祭如在，祭神如神在。子曰：「吾不與祭，如不祭。」（3.12）
鬼	非其鬼而祭之，諂	子曰：「非其鬼而祭之，諂也。見義不為，無勇也。」（2.24）
神祇	禱久	子疾病，子路請禱。子曰：「有諸？」子路對曰：「有之。誄曰：『禱爾於上下神祇。』」子曰：「丘之禱久矣。」（7.35）
齊	謹慎於齋戒（齊）	子之所慎：齊，戰，疾。（7.13）
神	不語怪力亂神	子不語怪，力，亂，神。（7.21）

第三章　孔子之天命

何謂聖？

＊子貢曰：「如有博施於民而能濟眾，何如？可謂仁乎？」子曰：「何事於仁！必也聖乎！堯舜其猶病諸！」孔子謂聖是「博施於民而能濟眾」，是為（從）政之政策能夠（博）施於民而得到濟眾的效果，是以為（從）政及百姓的立場來說明「聖」。

＊孔子謂：「若聖與仁，則吾豈敢？抑為之不厭，誨人不倦」，又子夏謂「有始有卒者，其惟聖人乎！」故孔子雖謙稱豈敢稱「聖」，但對於聖與仁是「為之不厭」，也正是子夏所謂「有始有卒者，其為聖人乎」，所謂能堅持仁之理念者為聖。

綜上，《論語》稱「聖」是由為百姓謀福祉，又對於此（仁政）能堅持理念者為聖。

＊《論語》中「堯舜其猶病諸」者，有「博施於民而能濟眾」及「修己安民」等二者，其中孔子稱博施濟眾者為聖，然博施濟眾就是在「安民」，故而聖亦是君子之「修己安民」。

第一節　孔子之天命

一、孔子對天之自許（天命、聖）

(一)聖，天縱之將聖

子貢稱孔子是「天縱之將聖」，孔子有仁心、仁德、仁政，都是以百姓福祉為最終目標，如同所謂聖之博施濟眾，故為聖者。又孔子「五十知天命」到「七十從心所欲，不踰矩」，由知天命到行天命，故謂承受於天。反之，上天派、縱之，使為大聖。

(二)仁，欲仁，仁至

孔子雖然自謙豈敢稱仁，但又謂「我欲仁，斯仁至矣」，孔子具有內在仁心，及外在之仁德，故其謂欲仁得仁。

(三)德，天生德

孔子自稱天生「德」，德是「得」，孔子自「少也賤，故多能鄙事」，又好學而發憤忘食，且為之不厭誨人不倦，故有小「得」（技藝）及大「得」（仁），亦可稱天生德。

(四)天，天縱之

孔子謂「不怨天，不尤人；下學而上達。知我者，其天乎！」及「知我者天」，都表示孔子以承擔使命而受領於天。

綜上，孔子有仁德，致力於聖（內聖外王，又孔子是上天派遣德），又可上達天（可與天相交流），自許有聖之使命。

(五)孔子對聖、天之自許之條文

表八十四：孔子對聖、天之自許之條文

項目	重點	條文
聖仁	吾豈敢？（博施於民而能濟眾）	1.子曰：「若聖與仁，則吾豈敢？抑為之不厭，誨人不倦，則可謂云爾已矣。」公西華曰：「正唯弟子不能學也。」（7.34） 2.子曰：「何事於仁，必也聖乎！」（6.30） 3.子貢曰：「如有博施於民而能濟眾，何如？可謂仁乎？」子曰：「何事於仁！必也聖乎！堯舜其猶病諸！」（6.30） 4.大宰問於子貢曰：「夫子聖者與！何其多能也？」子貢曰：「固天縱之將聖，又多能也。」（9.6）
天生	天生德於孔子	子曰：「天生德於予，桓魋其如予何？」（7.23）

上達天	上達（天）知我者天	曰：「莫我知也夫！」子貢曰：「何為其莫知子也？」子曰：「不怨天，不尤人；下學而上達。知我者，其天乎！」（14.36）
仁	我欲仁，斯仁至	子曰：「仁遠乎哉？我欲仁，斯仁至矣。」（7.30）

二、他人之認定孔子之天命

㈠孔子，聖

大宰稱孔子為聖，子貢謂是天縱為聖。孔子堅持行仁政之理念，推廣其「仁」，以百姓福祉為理念，故被稱為上天派遣之木鐸，對國君示警，宣達「修己以安百姓」之理念。

㈡孔子，木鐸

儀封人謂上天要孔子做為木鐸，表示孔子在天下無道時要作為宣道（修己安民）的木鐸，有所天命。（木鐸乃天子宣政先振木鐸）

㈢孔子，知津者

避世隱者謂孔子為知津者，應該知道渡船口的位置，意指孔子知天（道），也是知天命者。

㈣孔子天命（他人之認定）之條文

表八十五：孔子天命（他人之認定）之條文

項目	重點	條文
聖	天縱為聖（天指派孔子）	大宰問於子貢曰：「夫子聖者與！何其多能也？」子貢曰：「固天縱之將聖，又多能也。」子聞之曰：「大宰知我乎？吾少也賤，故多能鄙事。君子多乎哉？不多也！」（9.6）
木鐸	天將以夫子為木鐸	儀封人請見，曰：「君子之至於斯也，吾未嘗不得見也。」從者見之。出曰：「二三子，何患於喪乎？天下之無道也久矣，天將以夫子為木鐸。」（3.24）
知津者	孔子乃知津者	長沮桀溺耦而耕。孔子過之，使子路問津焉。長沮曰：「夫執輿者為誰？」子路曰：「為孔丘。」曰：「是魯孔丘與？」曰：「是也。」曰：「是知津矣！」問於桀溺，桀溺曰：「子為誰？」曰：「為仲由。」曰：「是魯孔丘之徒與？」對曰：「然。」曰：「滔滔者，天下皆是也，而誰以易之？且而與其從辟人之士也，豈若從辟世之士哉？」耰而不輟。子路行以告，夫子憮然曰：「鳥獸不可與同群！吾非斯人之徒與而誰與？天下有道，丘不與易也。」（18.6）

三、孔子對天的認知（態度）

㈠對天的認知（態度）

1.天道，不可得而聞：孔子天道不可得而聞，子貢感嘆孔子不言天道，但由《論語》中可以明白孔子對於天的認知。

2.天，不可欺：天是主宰天，孔子認為上天是不可欺騙、顏淵死而謂喪失道等，可見孔子以為上天是有監督、主宰之特性，亦即主宰天。

3.上天，有徵兆：鳳鳥不至，河不出圖，表示上天沒有顯示清明的徵兆，而使孔子感慨不已，所以孔子認為天應是能出示徵兆的主宰天。

㈡對天認知（態度）之條文

表八十六：對天認知（態度）之條文

項目	重點	條文
天	不可欺（騙）天	子疾病，子路使門人為臣。病閒，曰：「久矣哉，由之行詐也！無臣而為有臣，吾誰欺？欺天乎？且予與其死於臣之手也，無寧死於二三子之手乎！且予縱不得大葬，予死於道路乎？」（9.12）

天	孔子做不對（不合道）者，由天來厭惡（我）吧	子見南子，子路不說。夫子矢之曰：「予所否者，天厭之！天厭之！」（6.28）
天	天喪予	顏淵死，子曰：「噫！天喪予！天喪予！」（11.9）
天、性	不可得而聞	子貢曰：「夫子之文章，可得而聞也；夫子之言性與天道，不可得而聞也。」（5.13）
天（徵）	鳳鳥、河圖	子曰：「鳳鳥不至，河不出圖，吾已矣乎！」（9.9）
衰	不復夢見周公	子曰：「甚矣吾衰也！久矣吾不復夢見周公！」（7.5）

第二節　對孔子的評語

一、學與教之自評

㈠孔子，是師

對於自己的評語中，由學與教兩方面來看到孔子之精神。

㈡教方面，孔子誨人不倦

對主動學習者無不教導，而教導時不會隱瞞（留一手），是一種無私、不倦的精神。

㈢學方面，學不厭

孔子自稱非生而知之者，信而好古、學不厭（多聞），再擇其善者而從之，表示孔子資質非最高者，仍須學習，但是學不倦，有主動學習的精神，故會發憤忘食，樂以忘憂。

㈣學方面，不足

孔子自稱「加我數年，五十以學易，可以無大過」，顯見孔子也有尚未學習透徹的部分（易），而可無大過，表示學習與行為是相關聯的，要能學，又能用之。

㈤學與教之自評之條文

表八十七：學與教之自評之條文

項目	重點	條文
教	誨人不倦	子曰：「若聖與仁，則吾豈敢？抑為之不厭，誨人不倦，則可謂云爾已矣。」公西華曰：「正唯弟子不能學也。」（7.34）
教、學	默而識之，學而不厭，誨人不倦	子曰：「默而識之，學而不厭，誨人不倦，何有於我哉？」（7.2）
教	未嘗無誨	子曰：「自行束脩以上，吾未嘗無誨焉。」（7.7）

教	吾無隱	子曰：「二三子以我為隱乎？吾無隱乎爾。吾無行而不與二三子者，是丘也。」（7.24）
學	述而不作，信而好古	子曰：「述而不作，信而好古，竊比於我老彭。」（7.1）
學	好古，敏以求之者	子曰：「我非生而知之者，好古，敏以求之者也。」（7.20）
學	多聞，擇其善者而從之	子曰：「蓋有不知而作之者，我無是也。多聞，擇其善者而從之；多見而識之；知之次也。」（7.28）
過（學）	苟有過，人必知之	陳司敗問昭公知禮乎，孔子曰：「知禮。」孔子退，揖巫馬期而進之，曰：「吾聞君子不黨，君子亦黨乎？君取於吳，為同姓，謂之吳孟子。君而知禮，孰不知禮？」巫馬期以告。子曰：「丘也幸，苟有過，人必知之。」（7.31）
學	五十以學易，可以無大過	子曰：「加我數年，五十以學易，可以無大過矣。」（7.17）

	葉公問孔子於子路，子路不對。子曰：「女奚不曰，其為人也，發憤忘食，樂以忘憂，不知老之將至云爾。」（7.19）
為人	發憤忘食，樂以忘憂，不知老之將至

二、隱者對孔子之評語（含孔子對隱者之評語）

㈠隱之批評

隱者是避世者，是知者，能先覺之。又每位隱者都有自己的見解，從對於孔子的評語中，可以瞭解另一種觀點。

㈡能力方面

孔子是博學者、知津者。孔子學識充分而知道努力方向，表示孔子的基本能力充足。

㈢從政方面

孔子是有心者，知其不可而為之者。孔子志於道，有心從政，努力於百姓福祉，但是天下無道（棄義），孔子的理想無法實現，仍然努力不懈，知其不可而為之，這種只問耕耘，不為己的精神，正代表儒家的精神，但也有些許悲劇英雄的色彩。

㈣批評方面

隱者先批評夫子「四體不勤，五穀不分」，隨後以禮（長幼）待子路。隱者避世而自食其力，能夠「四體勤、五穀分」，因而以有能力自立（身體力行）的標準來批評夫子，也是批評孔子想實踐理想，卻無法自立之現實（窘狀）。此亦成為日後科舉時代批評讀書人無用之評語。

(五)隱者的評語之反評

孔子以「鳥獸不可與同群」批評隱者，表示孔子認為人就有一種（同群）義務和責任；子路又以「長幼之節、君臣之義、行義（道）」等，以社會（群）義務責任的觀點，來批評隱者「欲潔其身、亂大倫」等不負責任的避世態度。

(六)隱者對孔子之評語

表八十八：隱者對孔子之評語

項目	重點	條文
達巷黨人	博學而無所成名	達巷黨人曰，「大哉孔子！博學而無所成名。」子聞之，謂門弟子曰，「吾何執？執御乎？執射乎？吾執御矣。」（9.2）
晨門者	知其不可而為之	子路宿於石門。晨門曰：「奚自？」子路曰：「自孔氏。」曰：「是知其不可而為之者與？」（14.39）

荷蕢者	有心哉、莫己知深則厲，淺則揭	子擊磬於衛。有荷蕢而過孔氏之門者，曰：「有心哉，擊磬乎！」既而曰：「鄙哉，硜硜乎！莫己知也，斯已而已矣！深則厲，淺則揭。」子曰：「果哉！末之難矣！」（14.40）
接輿	不與之言	楚狂接輿歌而過孔子，曰：「鳳兮！鳳兮！何德之衰？往者不可諫，來者猶可追。已而！已而！今之從政者殆而！」孔子下，欲與之言。趨而辟之，不得與之言。（18.5）
長沮桀溺	知津者	長沮桀溺耦而耕。孔子過之，使子路問津焉。長沮曰：「夫執輿者為誰？」子路曰：「為孔丘。」曰：「是魯孔丘與？」曰：「是也。」曰：「是知津矣！」問於桀溺，桀溺曰：「子為誰？」曰：「為仲由。」曰：「是魯孔丘之徒與？」對曰：「然。」曰：「滔滔者，天下皆是也，而誰以易之？且而與其從辟人之士也，豈若從辟世之士哉？」耰而不輟。子路行以告，夫子憮然曰：「鳥獸不可與同群！吾非斯人之徒與而誰與？天下有道，丘不與易也。」（18.6）

丈人	四體不勤，五穀不分，孰為夫子	子路從而後，遇丈人，以杖荷蓧。子路問曰：「子見夫子乎？」丈人曰：「四體不勤，五穀不分，孰為夫子！」植其杖而芸。子路拱而立。止子路宿，殺雞為黍而食之，見其二子焉。明日，子路行以告。子曰：「隱者也。」使子路反見之。至，則行矣。子路曰：「不仕無義。長幼之節，不可廢也；君臣之義，如之何其廢之？欲潔其身，而亂大倫。君子之仕也，行其義也。道之不行，已知之矣！」（18.7）

三、弟子對孔子之評語

㈠弟子對孔子之評語

弟子對於孔子之評語不多，但是由這些許評語中，也可以瞭解一些觀點。

㈡稱讚方面

弟子稱許孔子仰之彌高、牆數仞、不可及等高不可攀的評語，是對孔子的讚許、尊敬。

㈢品德方面

孔子具有「溫、良、恭、儉、讓」之品德，也是說孔子具有仁者之品德。

㈣學方面

孔子學習無常師。表示孔子不是生而之知之者，乃不斷的學習而來，而且不會限制學的對象（內容），因而無常師。

㈤弟子對孔子評語之條文

表八十九：弟子對孔子評語之條文

項目	重點	條文
顏淵	仰之彌高，鑽之彌堅，瞻之在前，忽焉在後	顏淵喟然歎曰：「仰之彌高，鑽之彌堅，瞻之在前，忽焉在後！夫子循循然善誘人：博我以文，約我以禮。欲罷不能，既竭吾才，如有所立，卓爾；雖欲從之，末由也已！」（9.11）
子貢	溫、良、恭、儉、讓	子禽問於子貢曰：「夫子至於是邦也，必聞其政，求之與？抑與之與！」子貢曰：「夫子溫、良、恭、儉、讓以得之。夫子之求之也，其諸異乎人之求之與？」（1.10）
子貢	夫子焉不學，而亦何常師之有	衛公孫朝問於子貢曰：「仲尼焉學？」子貢曰：「文武之道，未墜於地，在人。賢者識其大者，不賢者識其小者，莫不有文武之道焉。夫子焉不學，而亦何常師之有！」（19.22）

子貢	夫子之牆數仞（高深）	叔孫武叔語大夫於朝，曰：「子貢賢於仲尼。」子服景伯以告子貢。子貢曰：「譬之宮牆：賜之牆也及肩，窺見屋家之好；夫子之牆數仞，不得其門而入，不見宗廟之美，百官之富。得其門者或寡矣！夫子之云，不亦宜乎！」（19.23）
子貢	夫子之不可及	陳子禽謂子貢曰：「子為恭也，仲尼豈賢於子乎？」子貢曰：「君子一言以為知，一言以為不知，言不可不慎也！夫子之不可及也，猶天之不可階而升也。夫子之得邦家者。所謂立之斯立，道之斯行，綏之斯來，動之斯和。其生也榮，其死也哀；如之何其可及也？」（19.25）

第四章　評人

子曰：「吾之於人也，誰毀誰譽？如有所譽者，其有所試矣。斯民也，三代之所以直道而行也」，孔子對人的毀譽是有所依據的（試）。

孔子對於當世之從政者多有評斷，批評從政者在邦國有道或無道的從政方法；或批評從政者之品德，都可顯見孔子的理念。又孔子對學生也有許多評語，其中最多的就是顏淵，而顏淵的三月不違仁及安貧樂道等，都樹立了儒家的典範。

第一節　評人（從政人物）

孔子對於人的評論，以從政者及其學生最多。

一、從政於邦有道、無道

㈠以邦有道之從政

邦有道，努力從政，表現出智慧、正直或智慧者，有史魚、蘧伯玉、甯武子、子文、柳下惠（直道）。

(二) 邦無道之從政或隱匿

*邦無道，仍然從政，維持正直者，有子文、史魚、柳下惠（直道）。

*邦無道，隱藏（卷而懷之）或變愚者，有蘧伯玉、甯武子。

(三) 孔子之用

政治人物之從政與否，一般是依國家政治是否上軌道來判斷，而孔子則是以「用之則行，舍之則藏」為從政的標準，以能施展仁政為優先考量，故有知其不可而為之的評語。

項目	重點	條文
史魚、蘧伯玉	直哉，君子哉	子曰：「直哉史魚！邦有道，如矢；邦無道，如矢。君子哉蘧伯玉！邦有道，則仕；邦無道，則可卷而懷之。」（15.7）
蘧伯玉之使者	使乎！使乎	蘧伯玉使人於孔子。孔子與之坐，而問焉。曰：「夫子何為？」對曰：「夫子欲寡其過而未能也。」使者出。子曰：「使乎！使乎！」（14.25）
子文	忠，三仕三已，清 三離亂國者	子張問曰：「令尹子文三仕為令尹，無喜色；三已之，無慍色。舊令尹之政，必以告新令尹。何如？」子曰：「忠矣。」曰：「仁矣乎？」曰：「未

		知；焉得仁！」「崔子弒齊君，陳文子有馬十乘，棄而違之。至於他邦，則曰：『猶吾大夫崔子也。』違之；之一邦，則又曰：『猶吾大夫崔子也。』違之。何如？」子曰：「清矣。」曰：「仁矣乎？」子曰：「未知；焉得仁？」（5.19）
甯武子	（邦有道）知可及（邦無道）愚不可及（做到）	子曰：「甯武子，邦有道，則知；邦無道，則愚。其知可及也；其愚不可及也。」（5.21）
柳下惠	直道而事人	柳下惠為士師，三黜。人曰：「子未可以去乎？」曰：「直道而事人，焉往而不三黜！枉道而事人，何必去父母之邦！」（18.2）

二、從政人物之評論

㈠評論從政人物方面，大都評論從政人物的從政事務

1. 管仲，仁：孔子批評管仲器小，有三歸（饋）、樹塞門（門外立屏）而不知禮，但又亟力誇獎管仲能一匡天下、不已兵力的功勞，甚而稱「如其仁！如其仁」。顯示孔子認為管仲使「民安」的功勞超越其僭越禮之失，表示使百姓安定的仁政超越個人之仁德，即

孔子重視百姓福祉為優先。另亦誇管仲奪伯氏駢邑三百而無怨言的處事公正。

2.子文、陳文子，未仁的標準：評論子文三次任官、辭官必定交接清楚（三仕三已），只是忠於職務（忠）；評論陳文子厭惡執政者作亂而三次遷居，只是清白自愛（清）。二者都是消極的交接、遷居，因而未能達到為民謀福祉的「仁」。

3.孟之反，不自誇：孟之反在敗軍時押後，稱「非敢後也，馬不進也」。

4.孟公綽，可居尊位：孔子稱其「為趙魏老則優，不可以為滕薛大夫」，可望尊而職不雜。

5.公子荊，善於治理財物（居屋）：公子荊，善於治理財物，尤其對於家室由有、少有、富有，而稱「茍合、茍完、茍美」，見其善於處理財務。

6.子產，有君子之道：孔子稱子產「其行己也恭，其事上也敬，其養民也惠，其使民也義」，能以君子之道行仁德、仁政。

7.子西，無可稱者：孔子謂其「彼哉！彼哉」，表示無可稱者。

8.晉文公，譎而不正：晉文公，詭譎而行權變，故而不正。

9.齊桓公，正而不譎：齊桓公，能九合諸侯不以兵車，乃其仁政（德），故能行正而不詭譎。

10.臧文仲，竊位：臧文仲踰越本分而有天子之「山節藻梲」，又知柳下惠之賢而不薦舉，可見其私心。

11.公叔文子，推賢：孔子以公叔文子能和其家臣「與立」（同立公廟），而稱「可以為文矣」，推許其推賢。又其「時然後言、樂然後笑、義然後取」，其言語、笑、取都符合「義」，所以孔子稱「其然！豈其然乎」。

12.微生高，博取名聲：微生高以其「或乞醯焉，乞諸其鄰而與之」，是曲意而非直。

13.季文子，多思：孔子謂其思考而行，應「再（二次），斯可矣」，謂其過於謹慎。

㈡政治人物評論之條文

表九十：政治人物評論之條文

項目	重點	條文
孟之反	不伐（誇耀）	子曰：「孟之反不伐，奔而殿，將入門，策其馬，曰：『非敢後也，馬不進也。』」（6.15）
孟公綽	為趙魏老則優，不可為滕薛大夫	子曰：「孟公綽，為趙魏老則優，不可以為滕薛大夫。」（14.11）
公子荊	善居屋	子謂衛公子荊善居室：「始有，曰：『苟合矣。』少有，曰：『苟完矣。』富有，曰：『苟美矣。』」（13.8）

管仲	（器小、不知禮）依身分之禮	子曰：「管仲之器小哉。」或曰：「管仲儉乎？」曰：「管氏有三歸，官事不攝，焉得儉？」「然則管仲知禮乎？」曰：「邦君樹塞門，管氏亦樹塞門。邦君為兩君之好，有反坫，管氏亦有反坫。管氏而知禮，孰不知禮？」（3.22）
管仲	奪伯氏駢邑三百而無怨言	或問子產。子曰：「惠人也。」問子西。曰：「彼哉！彼哉！」問管仲。曰：「人也，奪伯氏駢邑三百，飯疏食，沒齒，無怨言。」（14.9）
管仲	仁，助桓公九合諸侯，不以兵車	子路曰：「桓公殺公子糾，召忽死之，管仲不死。」曰：「未仁乎？」子曰：「桓公九合諸侯，不以兵車，管仲之力也。如其仁！如其仁！」（14.16）
管仲	一匡天下，又未被髮左衽（民安且維護文化道統）	子貢曰：「管仲非仁者與？桓公殺公子糾，不能死，又相之。」子曰：「管仲相桓公，霸諸侯，一匡天下，民到於今受其賜。微管仲，吾其被髮左衽矣！豈若匹夫匹婦之為諒也，自經於溝瀆，而莫之知也！」（14.17）
子產	有君子之道	子謂子產，「有君子之道四焉：其行己也恭，其事上也敬，其養民也惠，其使民也義。」（5.16）

子產 子西 管仲	惠人（百姓） 彼哉彼哉 人（仁）	或問子產。子曰：「惠人也。」問子西。曰：「彼哉！彼哉！」問管仲。曰：「人也，奪伯氏駢邑三百，飯疏食，沒齒，無怨言。」（14.9）
晉文公 齊桓公	譎而不正 正而不譎	子曰：「晉文公譎而不正；齊桓公正而不譎。」（14.15）
臧武仲	吾不信（不要挾君）	子曰：「臧武仲以防，求為後於魯，雖曰不要君，吾不信也。」（14.14）
臧文仲	何如其知（智）也	子曰：「臧文仲居蔡，山節藻梲，何如其知也？」（5.18）
臧文仲 柳下惠	其竊位者賢	子曰：「臧文仲，其竊位者與？知柳下惠之賢，而不與立也。」（15.14）
公叔文子	可以為（諡）文矣	公叔文子之臣大夫僎，與文子同升諸公。子聞之曰：「可以為文矣！」（14.18）
公叔文子	時然後言、樂然後笑、義然後取	子問公叔文子於公明賈，曰：「信乎？夫子不言不笑不取乎？」公明賈對曰：「以告者過也。夫子時然後言，人不厭其言；樂然後笑，人不厭其笑；義然後取，人不厭其取。」子曰：「其然！豈其然乎？」（14.13）

微生高	不直（沒有就說沒有）	子曰：「孰謂微生高直！或乞醯焉，乞諸其鄰而與之。」（5.24）
季文子	再（思）可矣	季文子三思而後行。子聞之，曰：「再，斯可矣。」（5.20）

第二節　評弟子

孔子學生有德行、言語、政事、文學等四科，其中德行有：顏淵、閔子騫、冉伯牛、仲弓；言語有：宰我、子貢；政事有：冉有、季路；文學有：子游、子夏，遂依此分類。

一、評弟子（德行）

㈠顏淵（名回，字子淵）

孔子評論弟子中最多者，而《論語》中能與孔子相較者，只有顏淵而已，但是《論語》論述顏淵都是生活、學、品德等部分，如下：

1.生活方面：一簞食，一瓢飲，在陋巷，不改其樂，窮苦而不改其樂，乃君子固窮。

2.學方面：能夠不恥下問，又聞一知十，顯見其願學而能思，且好學不倦。

3.外在品德方面：不遷怒、不二過，顯見其能反求諸己而不遷怒，能反省自身而不二過，在行為上沒有過與不及的缺失（中庸）。

4.個人內在（仁）方面：三個月不違反仁的品德，表示能長時間堅守恭寬信敏惠等品德，能夠克己、愛人，已經是弟子之中第一，所以死時孔子大嘆「天喪予」。

5.從政方面：能夠施展時（用）則行，未被重用則（藏），其從政之標準並非天下有道或無道，而是以能用否（百姓福祉），顯見出與孔子一樣的從政標準。

6.另對於從政（道）部分：顏淵自謂希望能「願無伐善、無施勞」，是「修己安民」的君子之道。相較於孔子，顏淵給人一種安貧而不求富貴的形象，而非孔子所謂有道而恥貧賤，知其不可而為之的積極入世者。

㈡閔子騫（名損，字子騫）

稱孝，而孝為仁之本，被稱許為德行。又不願從政，依「用之則行」的標準審視之，其仁上有不足。

㈢冉伯牛（名耕，字伯牛）

孔子感嘆冉伯牛之重疾將亡，而執其手，謂「亡之，命矣夫」，可謂對其之肯定。

㈣仲弓（冉雍，字仲弓）

孔子評論仲弓，將其比做周正牛角之騂牛，謂其「雖欲勿用，山川其舍諸」，也是肯定之意。

㈤評弟子（德行）之條文

表九十一：評弟子（德行）之條文

項目	重點	條文
顏淵	一簞食，一瓢飲，在陋巷，不改其樂	子曰：「賢哉，回也！一簞食，一瓢飲，在陋巷，人不堪其憂，回也不改其樂。賢哉，回也！」（6.11）
顏淵	不違仁（三月）	子曰：「回也，其心三月不違仁，其餘則日月至焉而已矣。」（6.7）.
顏淵	（被任）用之則行，舍之則藏	子謂顏淵曰：「用之則行，舍之則藏，惟我與爾有是夫。」（7.11）
顏淵	聞一知十	子謂子貢曰：「女與回也孰愈？」對曰：「賜也，何敢望回?回也，聞一以知十；賜也，聞一知二。」子曰：「弗如也！吾與女弗如也。」（5.9）
顏淵	無不悅	子曰：「回也，非助我者也！於吾言，無所不說。」（11.4）

顏淵	（受教）退（下）而省（察）其私（討論），以發（發揮）	子曰：「吾與回言終日，不違，如愚。退而省其私，亦足以發，回也不愚。」（2.9）
顏淵	不惰	子曰：「語之而不惰者，其回也與？」（9.20）
顏淵	師在不敢死（知禮）	子畏於匡，顏淵後。子曰：「吾以女為死矣！」曰：「子在，回何敢死！」（11.21）
顏淵	能問於不能，以多問於寡，有若無，實若虛，犯而不校（稱讚顏回）	曾子曰：「以能問於不能，以多問於寡，有若無，實若虛，犯而不校，昔者吾友嘗從事於斯矣。」（8.5）
顏淵	未止（一直進步）	子謂顏淵曰：「惜乎！吾見其進也，吾未見其止也！」（9.21）
顏淵	不遷怒，不貳過（品德）	哀公問：「弟子孰為好學？」孔子對曰：「有顏回者好學，不遷怒，不貳過。不幸短命死矣，今也則亡，未聞好學者也。」（6.3）
顏淵	好學	季康子問：「弟子孰為好學？」孔子對曰：「有顏回者好學，不幸短命死矣！今也則亡。」（11.7）

顏淵（死）	慟為其死（哭之）	顏淵死，子哭之慟。從者曰：「子慟矣！」曰：「有慟乎？非夫人之為慟而誰為！」（11.10）
顏淵（死）	其死如天喪	顏淵死，子曰：「噫！天喪予！天喪予！」（11.9）
顏淵（死）	禮為重	顏淵死，顏路請子之車以為之椁。子曰：「才不才，亦各言其子也。鯉也死，有棺而無椁；吾不徒行以為之椁，以吾從大夫之後，不可徒行也。」（11.8）
顏淵（死）	禮為重（不可非禮而行）	顏淵死，門人欲厚葬之，子曰：「不可。」門人厚葬之。子曰：「回也視予猶父也，予不得視猶子也。非我也，夫二三子也。」（11.11）
閔子騫	孝	子曰：「孝哉閔子騫，人不間於其父母昆弟之言。」（11.5）
閔子騫	辭避官（清高有節義）	季氏使閔子騫為費宰。閔子騫曰：「善為我辭焉！如有復我者，則吾必在汶上矣。」（6.9）

閔子騫	言必中（肯）	魯人為長府。閔子騫曰：「仍舊貫，如之何？何必改作？」子曰：「夫人不言，言必有中。」（11.14）
閔子騫	誾誾（恭正）	閔子侍側，誾誾如也；子路，行行如也；冉有、子貢，侃侃如也。子樂。「若由也，不得其死然。」（11.13）
冉伯牛	有疾子執其手曰：「亡之，命矣夫」	伯牛有疾，子問之，自牖執其手，曰：「亡之，命矣夫！斯人也而有斯疾也！斯人也而有斯疾也！」（6.10）
仲弓	有才能	子謂仲弓，曰：「犁牛之子騂且角，雖欲勿用，山川其舍諸？」（6.6）

二、評弟子（言語）

㈠宰我（名予，字子我）

宰予晝寢，而被孔子稱：「朽木不可雕也，糞土之牆不可杇也。於予與何誅」，稱之為朽木、糞土，但其列十大弟子（言語），因而遭人議論。又鑒於宰我，使孔子對仁的觀察，為「聽其言而觀其行」，不可不謂影響深遠，批評不可謂不嚴厲。

(二)子貢（端木，名賜，字子貢）

善貨殖，很會做生意，有觀察或預測市場的能力，加上個性溫和，很似商人。由「聞一知二」表示「思」尚不足，及期許「我不欲人之加諸我也，吾亦欲無加諸人。」而被孔子謂「非爾所及」，及批評其「方人」，都顯見有些「好高」。

(三)評弟子（言語）之條文

表九十二：評弟子（言語）之條文

項目	重點	條文
宰我	晝寢	宰予晝寢。子曰：「朽木不可雕也，糞土之牆不可杇也。於予與何誅？」子曰：「始吾於人也，聽其言而信其行；今吾於人也，聽其言而觀其行。於予與改是。」（5.10）
子貢	貨殖（做生意）	子曰：「回也其庶乎！屢空；賜不受命，而貨殖焉；億則屢中。」（11.18）
子貢	聞一知二	子謂子貢曰：「女與回也，孰愈？」對曰：「賜也，何敢望回？回也，聞一以知十；賜也，聞一知二。」子曰：「弗如也；吾與女，弗如也。」（5.9）

子貢	未到不欲己	子貢曰：「我不欲人之加諸我也，吾亦欲無加諸人。」子曰：「賜也，非爾所及也。」（5.12）
子貢	方人（批評人）	子貢方人。子曰：「賜也，賢乎哉？夫我則不暇！」（14.30）
子貢	侃侃如也（溫和）	閔子侍側，誾誾如也；子路，行行如也；冉有、子貢，侃侃如也。子樂。「若由也，不得其死然。」（11.13）
子貢	瑚璉（宗廟盛黍稷之器具）	子貢問曰：「賜也何如？」子曰：「女，器也。」曰：「何器也？」曰：「瑚璉也。」（5.4）

三、評弟子（政事）

㈠冉有（冉求，字子有，亦稱冉有）

列為政事之一，也是褒揚了。

1.孔子批評其從政：對於季氏將伐顓臾而不能止，又對於季氏祭泰山僭越「天子」之禮，都不能救（正）；另季氏富比周公而為之聚斂附益之。故孔子批評冉有要審視才能而任職位（陳力就列），及「力不足」乃是畫地自限。另對於政事孔子雖未從政但也很關心並「與（預）聞」。

2.冉求個性：孔子謂「求也退」，指其較退縮懦弱，故孔子鼓勵他聽到就做（聞斯行之），而非自稱「力不足」。故而其貌似溫和（侃侃如也）的樣子。

㈡季路（仲由，字子路，亦稱季路）

1.從政方面：孔子稱許善於審判案件（折獄），應是好的司法官。季路自許可救危於千乘之國並三年可使有勇，及有「行三軍」之才，但主張由實務中學習從政（有民人焉！有社稷焉！何必讀書），而被孔子批評是「佞者」。

2.仁德方面：季路與朋友共車馬、衣裘，表示賤物重友；又其「無宿諾」表示能實踐諾言而有「信」，似能實踐「朋友信之」。

3.個性方面：個性剛猛（喭），臨事不懼，孔子批評其有「暴虎馮河，死而不悔者」，故而「不得好死」。亦因性剛猛（直接），故以從政「何必讀書」，而被孔子批評及稱其「由也升堂矣！未入於室也！」

㈢評弟子（政事）之條文

表九十三：評弟子（政事）之條文

項目	重點	條文
冉有	非力不足者，中道而廢（畫地自限）	冉求曰：「非不說子之道，力不足也。」子曰：「力不足者，中道而廢。今女畫。」（6.12）

冉有	求也退，故進之	子路問：「聞斯行諸？」子曰：「有父兄在，如之何其聞斯行之！」冉有問：「聞斯行諸？」子曰：「聞斯行之！」公西華曰：「由也問聞斯行諸？子曰『有父兄在』；求也問聞斯行諸？子曰『聞斯行之』。赤也惑，敢問？」子曰：「求也退，故進之；由也兼人，故退之。」（11.20）
冉有	為（季氏）政事商議（政應是國君朝政，正名）	冉子退朝，子曰：「何晏也？」對曰：「有政。」子曰：「其事也！如有政，雖不吾以，吾其與聞之！」（13.14）
冉有	不諫僭越禮（林放問禮）	季氏旅於泰山。子謂冉有曰：「女弗能救與？」對曰：「不能。」子曰：「嗚呼！曾謂泰山不如林放乎？」（3.6）
冉有	求也，為之聚斂而附益之	季氏富於周公，而求也為之聚斂而附益之。子曰：「非吾徒也，小子鳴鼓而攻之，可也！」（11.17）
冉有	侃侃如也（溫和）	閔子侍側，誾誾如也；子路，行行如也；冉有、子貢，侃侃如也。子樂。「若由也，不得其死然。」（11.13）

冉有	無乃爾是過與（不能阻止季氏伐顓臾）	季氏將伐顓臾。冉有、季路見於孔子曰：「季氏將有事於顓臾。」孔子曰：「求，無乃爾是過與？夫顓臾，昔者先王以為東蒙主，且在邦域之中矣；是社稷之臣也，何以伐為？」冉有曰：「夫子欲之；吾二臣者皆不欲也。」孔子曰：「求！周任有言曰：『陳力就列，不能者止。』危而不持，顛而不扶，則將焉用彼相矣？且爾言過矣！虎兕出於柙，龜玉毀於櫝中，是誰之過與？」冉有曰：「今夫顓臾，固而近於費；今不取，後世必為子孫憂。」孔子曰：「求！君子疾夫舍曰欲之而必為之辭。丘也聞有國有家者，不患寡而患不均，不患貧而患不安；蓋均無貧，和無寡，安無傾。夫如是，故遠人不服，則修文德以來之。既來之，則安之。今由與求也，相夫子，遠人不服而不能來也，邦分崩離析而不能守也，而謀動干戈於邦內，吾恐季孫之憂，不在顓臾，而在蕭牆之內也！」（16.1）
季路	折獄（審判案件）	子曰：「片言可以折獄者，其由也與！」子路無宿諾。（12.12）

季路	暴虎馮河之蠻勇	子路曰：「子行三軍，則誰與？」子曰：「暴虎馮河，死而不悔者，吾不與也。必也臨事而懼，好謀而成者也。」（7.11）
季路	千乘之國	千乘之國，攝乎大國之間，加之以師旅，因之以饑饉，由也為之，比及三年，可使有勇，且知方也。（11.25）
季路	喭（剛猛）	柴也愚，參也魯，師也辟，由也喭。（11.18）
季路	行行（剛猛）不得（好）死	閔子侍側，誾誾如也；子路，行行如也；冉有、子貢，侃侃如也。子樂。「若由也，不得其死然。」（11.13）
季路	升堂未入室	子曰：「由之瑟奚為於丘之門？」門人不敬子路。子曰：「由也升堂矣！未入於室也！」（11.15）
季路	惡夫佞者，無識人之明	子路使子羔為費宰。子曰：「賊夫人之子！」子路曰：「有民人焉，有社稷焉，何必讀書，然後為學？」子曰：「是故惡夫佞者。」（11.23）

四、評弟子（文學）

（一）子游（言偃，字子游）

1. 從政方面：子游知仁道之理（君子學道愛人；小人學道易使），故以仁之禮樂來教導百姓，而受到孔子的肯定；孔子問「得人否」，能舉出澹臺滅明而知人。

2.仁、孝方面：子游的主張中能引證孔子的教導，如知道難能並非仁、喪禮盡到哀可止、教導學生由本（禮樂文章）開始及事君、待友不可過於繁瑣等，都是實務上的經驗。

㈡子夏（卜商，字子夏）

子夏與孔子論《詩》時能夠引申至「禮」（作用），因而被讚許「起予者商也！始可與言詩矣」；另謂其賢之「不及」，乃其個性篤信謹守，故而期許其為「君子儒」。

㈢評弟子（文學）之條文

表九十四：評弟子（文學）之條文

項目	重點	條文
子游	知（得）人	子游為武城宰。子曰：「女得人焉爾乎？」曰：「有澹臺滅明者，行不由徑，非公事，未嘗至於偃之室也。」（6.14）
子游	知仁	子游曰：「吾友張也，為難能也；然而未仁。」（19.15）
子游	問孝	子游問孝。子曰：「今之孝者，是謂能養。至於犬馬，皆能有養；不敬，何以別乎？」（2.7）

子游	君子學道則愛人 小人學道則易使	子之武城，聞弦歌之聲，夫子莞爾而笑曰：「割雞焉用牛刀？」子游對曰：「昔者，偃也聞諸夫子曰：『君子學道則愛人；小人學道則易使也。』」子曰：「二三子！偃之言是也；前言戲之耳！」（17.3）
子游	哀	子游曰：「喪致乎哀而止。」（19.14）
子游	數之失	子游曰：「事君數，斯辱矣；朋友數，斯疏矣。」（4.26）
子游	學重本	子游曰：「子夏之門人小子，當洒掃，應對，進退，則可矣。抑末也；本之則無，如之何？」子夏聞之曰：「噫！言游過矣！君子之道，孰先傳焉？孰後倦焉？譬諸草木，區以別矣。君子之道，焉可誣也？有始有卒者，其惟聖人乎！」（19.12）
子游	文學	德行：顏淵、閔子騫、冉伯牛、仲弓；言語：宰我、子貢；政事：冉有、季路；文學：子游、子夏。（11.3）
子夏	期許為君	子謂子夏曰：「女為君子儒！無為小人儒！」（6.13）
子夏	不及（保守）	子貢問：「師與商也孰賢？」子曰：「師也過，商也不及。」曰：「然則師愈與？」子曰：「過猶不及。」（11.16）

子夏	起予者商也！始可與言詩矣	子夏問曰：「巧笑倩兮，美目盼兮，素以為絢兮。何為也？」子曰：「繪事后素。」曰：「禮后乎？」子曰：「起予者商也！始可與言詩矣。」（3.8）
子夏	君子何患乎無兄弟也	司馬牛憂曰：「人皆有兄弟，我獨亡！」子夏曰：「商聞之矣：『死生有命，富貴在天』。君子敬而無失，與人恭而有禮；四海之內，皆兄弟也。君子何患乎無兄弟也？」（12.5）

五、評弟子（其他）

㈠**子張（顓，名師，字子張）**

子張才高能先覺（賢），但是性偏僻、失之於「過」。

㈡**公治長（字子長）**

孔子謂其因事入獄，但非其罪，可以嫁女，顯見其為人備受孔子肯定。

㈢**南容（南宮适，字子容，亦稱南容）**

孔子謂其「邦有道不廢，邦無道免於刑戮」，國有道見用，無道而免於刑，又復讀白圭之詩，可見其才及謹言慎行，亦可嫁女。

㈣**澹臺滅明（字子羽）**

子游謂其「行不由徑，非公事，未嘗至於偃之室也」，顯見其心地、品格高尚。

㈤子賤（宓不齊，字子賤）

孔子謂其君子，在魯國成其德，更因魯沒有許多君子而難能可貴；亦誇許其能「學」。

㈥漆雕（漆雕開，字子開）

孔子很高興漆雕拒絕出仕的謙遜，顯見其品德。

㈦申棖（字子周）

孔子稱「棖也慾，焉得剛？」慾則重私利，故無法剛強。如「無欲則剛」。

㈧高柴（字子羔）

孔子謂「柴也愚」，高柴性愚直。

㈨曾參（字子輿）

孔子謂「參也魯」，曾參性魯鈍。

㈩評弟子（其他）之條文

表九十五：評弟子（其他）之條文

項　目	重　點	條　文
子張（師）	過（偏激）	子貢問：「師與商也孰賢？」子曰：「師也過，商也不及。」曰：「然則師愈與？」子曰：「過猶不及。」（11.16）
子張（師）	辟（偏激）	柴也愚，參也魯，師也辟，由也喭。（11.18）
公冶長	縲絏之中非其罪（蒙冤坐牢）	子謂公冶長，「可妻也。雖在縲絏之中，非其罪也。」以其子妻之。（5.1）
南容	邦有道不廢，邦無道免於刑戮（政治才能）	子謂南容，「邦有道，不廢；邦無道，免於刑戮。」以其兄之子妻之。（5.2）
南容	三復白圭（詩，意指戒慎品德）	南容三復白圭，孔子以其兄之子妻之。（11.6）
澹臺滅明	行不由徑，非公事，未嘗至於偃之室也（奉公守法）	子游為武城宰。子曰：「女得人焉爾乎？」曰：「有澹臺滅明者，行不由徑，非公事，未嘗至於偃之室也。」（6.14）

子賤	君子	子謂子賤，「君子哉若人！魯無君子者，斯焉取斯？」（5.3）
漆雕	未能信（還沒信心，謙遜）	子使漆雕開仕。對曰：「吾斯之未能信。」子說。（5.6）
申棖	慾	子曰：「吾未見剛者。」或對曰：「申棖。」子曰：「棖也慾，焉得剛？」（5.11）
曾參	魯（魯鈍）	柴也愚，參也魯，師也辟，由也喭。（11.18）

附：孔子評學生志願表

姓名	志願	孔子意見
孔子	老者安之，朋友信之，少者懷之	聖人：博施濟眾
顏淵（字子淵）	願無伐善，無施勞	君子：修己安民
子路（仲由、字子路）	1.願車馬、衣輕裘，與朋友共，蔽之而無憾 2.千乘之國，攝乎大國之間，加之以師旅，因之以饑饉，由也為之，比及三年，可使有勇，且知方也	夫子哂之：「為國以禮，其言不讓，是故哂之。」
公西赤（字子華）	非曰能之，願學焉！宗廟之事，如會同，端章甫，願為小相焉	「宗廟會同，非諸侯而何？赤也為之小，孰能為之大！」
曾皙（名點、字子皙）	莫春者，春服既成；冠者五六人，童子六七人，浴乎沂，風乎舞雩，詠而歸	夫子喟然歎曰：「吾與點也！」

我們改寫了書的定義

創辦人暨名譽董事長　王擎天
總經理暨總編輯　歐綾纖　　印製者　偉聖印刷公司
出版總監　王寶玲

法人股東　華鴻創投、華利創投、和通國際、利通創投、創意創投、中國電視、中租迪和、仁寶電腦、台北富邦銀行、台灣工業銀行、國寶人壽、東元電機、凌陽科技(創投)、力麗集團、東捷資訊

◆台灣出版事業群　新北市中和區中山路2段366巷10號10樓
TEL：02-2248-7896
FAX：02-2248-7758

◆北京出版事業群　北京市東城區東直門東中街40號元嘉國際公寓A座820
TEL：86-10-64172733
FAX：86-10-64173011

◆北美出版事業群　4th Floor Harbour Centre P.O.Box613
GT George Town, Grand Cayman,
Cayman Island

◆倉儲及物流中心　新北市中和區中山路2段366巷10號3樓
TEL：02-8245-8786
FAX：02-8245-8718

國家圖書館出版品預行編目資料

論語蠡測／張元星 著 -- 初版. --
新北市：集夢坊，100.10
面；　公分
ISBN 978-986-83913-2-1（平裝）
1. 論語　2. 研究考訂

121.227　100013828

集夢坊

論語蠡測

出版者●華文自資出版平台．集夢坊
作者●張元星
印行者●華文自資出版平台
出版總監●歐綾纖
副總編輯●陳雅貞　　美術設計●曾書豫
責任編輯●吳良容　　內文排版●陳曉觀

郵撥帳號●50017206采舍國際有限公司（郵撥購買，請另付一成郵資）
台灣出版中心●新北市中和區中山路2段366巷10號10樓
電話●(02)2248-7896　　傳真●(02)2248-7758
ISBN●978-986-83913-2-1
出版日期●2011年10月初版

全球華文國際市場總代理●采舍國際 www.silkbook.com
地址●新北市中和區中山路2段366巷10號3樓
電話●(02)8245-8786　　傳真●(02)8245-8718

全系列書系永久陳列展示中心
新絲路書店●新北市中和區中山路2段366巷10號10樓　　電話●(02)8245-9896
新絲路網路書店●www.silkbook.com
華文網網路書店●www.book4u.com.tw

本書由著作人自資出版，委由全球華文聯合出版平台發行